5 Mondes

TOME 1

LE GUERRIER DE SABLE

Mark SIEGEL
Alexis SIEGEL
Xanthe BOUMA
Boya SUN
Matt ROCKEFELLER

Traduit de l'anglais (États-Unis)
par Isabelle Troin

GALLIMARD
BANDE DESSINÉE

£3-
CW01660315

Merci à Tanya McKinnon,
pour son soutien indéfectible en toutes circonstances.

Merci à notre équipe stellaire chez Gallimard :
Thierry Laroche, Nicolas Leroy, Muriel Chabert,
Olivier Merlin, Sandrine Dutordoir, Hedwige Pasquet.

Remerciements spéciaux pour votre aide, votre amitié et votre magie :
Siena Siegel, Sonia Siegel, Macarena Mata, Julie Sandfort, Gene Luen Yang,
Lee Wade, Sam Bosma, Kali Ciesemier, Noelle Stevenson, Carter Goodrich ;
Moebius, Ursula K. LeGuin, Doris Lessing, Lois McMaster Bujold.

Titre original : *5 Worlds — The Sand Warrior*
Édition originale publiée en langue anglaise par Penguin Random House
© Antzu Pantzu, LLC, 2017

© Gallimard, 2017, pour la traduction française
N° d'édition : 289403
Dépôt légal : mars 2017
Loi n° 49-956 du 16 juillet 1949 sur les publications destinées à la jeunesse
ISBN : 978-2-07-066899-1
Imprimé en France par Pollina - L79675
Première édition

Pour Julien et Clio
MS

Pour Shudan, Félix et Élia
AS

Pour Maman et Papa
XB

Pour mes amis et ma famille
MR

Pour tous mes amis
BS

« L'un après l'autre, les cinq grands phares s'éteignirent et les dieux disparurent. Et nul ne devait jamais rallumer les phares radieux, sinon un guerrier de sable couronné de feu vivant... »

EXTRAIT DES *HEURES DU PRINCE FELID*

Chapitre 1

LE SABLE ENFUI

LE CHÂTEAU DE SABLE.
VEILLE DU JOUR DU PHARE.

OUSTE ! QUI A DIT QUE VOUS POUVIEZ MONTER ICI ?
ET N'ALLEZ PAS JOUER DANS LES DESCENTES DE LINGE !

CE N'EST PAS LA PETITE **LEE** ?
SI, ELLE RESSEMBLE BEAUCOUP À SA SOEUR.
ÉVITONS LE SUJET.
SURTOUT JUSTE AVANT LA RÉUNION DU CONSEIL.

HÉ ! OONA !
SALUT, VEA. EST-CE QUE TU RENONCERAIS À FÊTER LE JOUR DU PHARE SI TU...
RENONCER À FÊTER LE JOUR DU PHARE ? TU ES FOLLE ??
DIS, TU T'ES ENTRAÎNÉE POUR LA DANSE D'INVOCATION ?
JE NE SUIS PAS TAILLÉE POUR LE SABLE, VEA. C'EST MA SŒUR QUI...
N'IMPORTE QUOI ! CE N'EST PAS PARCE QU'ELLE S'EST ENFUIE QUE TU DOIS ABANDONNER ! IL NOUS RESTE QUELQUES MINUTES. VIENS, RÉPÉTONS ENSEMBLE !

LAISSE TA *PIERRE DE SABLE* S'EXPRIMER.
BIEN !
MAINTENANT, RETIENS L'ANIFORME PENDANT QUE SA PUISSANCE CROÎT. NE LA LÂCHE PAS...

N'OUBLIE PAS : TU DOIS GARDER LE **CONTRÔLE** !

FFSSSSS
EUH, OONA...? LE CONTRÔLE...?
POUFFFF!!
BAH, ÇA Y ÉTAIT PRESQUE !
HA HA!
HA HA!!
PRESQUE LA CATASTROPHE, OUI !

HÉH HÉ
HA HA
OONA LA CATA A ENCORE FRAPPÉ !
TROP DRÔLE, NOOFU !
IGNORE-LE. VIENS, SINON ON VA ÊTRE EN RETARD CHEZ PLUMB.
TIENS, C'EST POUR TOI, LA CATA.
PREMIER PRIX EN CHUTES SUR LES FESSES !
HA
HAHA HA HA
NOOFU EST VRAIMENT UN ABRUTI.
AHAHA... HA HA
HA

ILS ONT PRESQUE FINI DE TOUT INSTALLER POUR DEMAIN.
COMMENT SE FAIT-IL QU'ON NE SACHE TOUJOURS PAS QUI EST *L'ÉLU*?
CETTE FOIS, C'EST UN *SECRET*. ILS VEULENT PEUT-ÊTRE ÉVITER QUE... TU SAIS, COMME LA *DERNIÈRE FOIS*?
LA FERME, GEN.
PEUT-ÊTRE QUE *L'ÉLUE*, C'EST *TOI*, OONA!
HAHA!
PFFFF. ALORS... OÙ EST LE *PROFESSEUR PLUMB*?

LE DOYEN PLUMB S'EXPRIME ACTUELLEMENT DEVANT LE HAUT CONSEIL DES CINQ MONDES ! AUSSI, J'ASSURERAI LE COURS D'INVOCATION EN SON ABSENCE.
OH, GÉNIAL. KLAANTH ME DÉTESTE.
UN PEU DE SILENCE, DANSEURS DE SABLE !
BIEN, COMMENÇONS PAR LES BASES.
MOTIFS GÉOMÉTRIQUES !
TRÈS RÉUSSI, NOOFU !
BELLE PRÉCISION, GEN LYONING.

MADEMOISELLE LEE... ENCORE PLUS DISTRAITE QUE D'HABITUDE. CE N'EST PAS UNE ANIFORME, C'EST UNE PAUVRE PETITE CROTTE !
DE TOUTE ÉVIDENCE, LE DOYEN PLUMB EST TROP INDULGENT AVEC VOUS. COMME IL L'ÉTAIT AVEC VOTRE SŒUR.
WIZZZ–BAM !!
?!
OUPS.

AU MOINS, VOTRE SOEUR SAVAIT **CONTRÔLER** SON SABLE ! VOUS, VOUS… VOUS…
VOUS FAITES HONTE AUX DANSEURS DE SABLE !
ALORS ? ALLEZ-Y !
RATTRAPEZ VOTRE ANIFORME AVANT QU'ELLE NE FASSE PLUS DE DÉGÂTS !!

SSS-
WOOP!

SHHP!
OUPS !
WSSH
HA !
BMP !
CRAAAAC

BMP!
AHA! JE TE TIENS!
NOUS SOMMES AU BORD DE L'EXTINCTION!
LES CINQ MONDES SONT EN SURCHAUFFE!

L'OASIS D'IDYLLIA, SUR LUNE YATTA, EST DEVENUE UN DÉSERT !
VOICI TOUT CE QU'IL RESTE DES OISEAUX PTUHULI SUR SALASSANDRA !
SUR GRIMBO(E), LA CHALEUR PROVOQUE LA FUREUR DE LA MOUSSE OCÉANIQUE !!

EN CE MOMENT MÊME, LA PÉNURIE D'EAU PROVOQUE DES ÉMEUTES SUR TOKI !
LES HOMMES-PLANTES SE MEURENT !
JE SUIS CONVAINCU QUE LES ANCIENS PHARES SONT LA CAUSE DE CETTE SURCHAUFFE. ILS AURAIENT DÛ ÊTRE RALLUMÉS DEPUIS LONGTEMPS !
CE N'EST QU'UNE THÉORIE !
VOUS, LES DANSEURS DE SABLE ET VOS VIEILLES LÉGENDES, COMME TOUJOURS !
IL NE S'AGIT PLUS SEULEMENT DE NOUS. CECI A ÉTÉ CONFIRMÉ PAR LE PROFESSEUR ETTO EN PERSONNE !

À L'ÂGE D'OR, QUAND LES DIEUX FÉLIDÉS VIVAIENT PARMI NOUS, LES PHARES BRILLAIENT SUR CHACUN DE NOS MONDES... C'ÉTAIT UNE ÉPOQUE D'ÉQUILIBRE ET D'HARMONIE !
★ THÉORÈME D'ETTO ★
ALLUMÉ
DIFFUSION DE L'ÉNERGIE DU NOYAU CENTRAL
MODULATION DE L'ÉVOLUTION PLANÉTAIRE
ÉTEINT
SURCHARGE
SURCHAUFFE CROISSANTE
BAISSE DES RESSOURCES
MAIS QUAND LA GRANDE REINE FÉLIDÉE A SUCCOMBÉ AUX ASSAUTS DU MALÉFIQUE SIMULACRE, LES PHARES SE SONT ÉTEINTS ! AUJOURD'HUI, UN MILLÉNAIRE PLUS TARD, NOS MONDES SE MEURENT !
SELON LA PROPHÉTIE DES DANSEURS DE SABLE, CE N'EST QU'EN RALLUMANT LES ANCIENS PHARES...
ON NE PEUT PAS RALLUMER LES PHARES ! BEAUCOUP ONT DÉJÀ ESSAYÉ !
VOS DANSEURS, NOTAMMENT !
LA PROPHÉTIE DES DANSEURS DE SABLE N'EST PAS RECONNUE PARTOUT !
EN TOUT CAS, PAS LA VERSION DU CHÂTEAU DE SABLE.
NOUS DEVONS METTRE NOS DIFFÉRENDS DE CÔTÉ ET AGIR COMME UNE GALAXIE UNIE !
EN SECRET, J'AI ENTRAÎNÉ LE MEILLEUR DANSEUR DE SABLE DE TOUS LES TEMPS. C'EST LE VÉRITABLE ÉLU. IL RALLUMERA NOTRE PHARE BLANC !
JE VOUS DEMANDE DE LE LAISSER RALLUMER CHACUN DES CINQ PHARES POUR ÉVITER L'EXTINCTION DES CINQ MONDES !

L'ACADÉMIE DE LA FORTERESSE VOLANTE NE LAISSERA JAMAIS LE CHÂTEAU DE SABLE ACCÉDER À NOTRE PHARE BLEU !
IL N'EST PLUS TEMPS DE SE MONTRER POSSESSIF ! NOS VIES SONT EN JEU !! AGIR ENSEMBLE EST NOTRE SEULE CHANCE !
NOUS PENSONS AUSSI QUE RALLUMER LES PHARES EST L'ULTIME ESPOIR DES CINQ MONDES !
BEN VOYONS, POUR QUE MON DOMANI PUISSE RÉCUPÉRER TOUTES SES ANCIENNES COLONIES !
LES ÉLITES DOMA
ENCORE FAUT-IL QUE VOS DANSEURS DE SABLE SE RÉVÈLENT CAPABLES D'ALLUMER UN PHARE, DÉLÉGUÉ PLUMB. PERSONNE N'A JAMAIS RÉUSSI, ET C'EST PEUT-ÊTRE MIEUX AINSI !
ET PUIS, NUL NE SAIT CE QUI ARRIVERA SI NOUS PARVENONS À LES RALLUMER.
CETTE CRISE TOMBE À PIC POUR VOUS !
ASSEZ PARLÉ DES DIEUX
RALLUMEZ VOTRE PROPRE PHARE SI VOUS VOULEZ, MAIS NE TOUCHEZ PAS AU NÔTRE !
HÉGÉMONIE MON DOMANI EST TERMINÉE

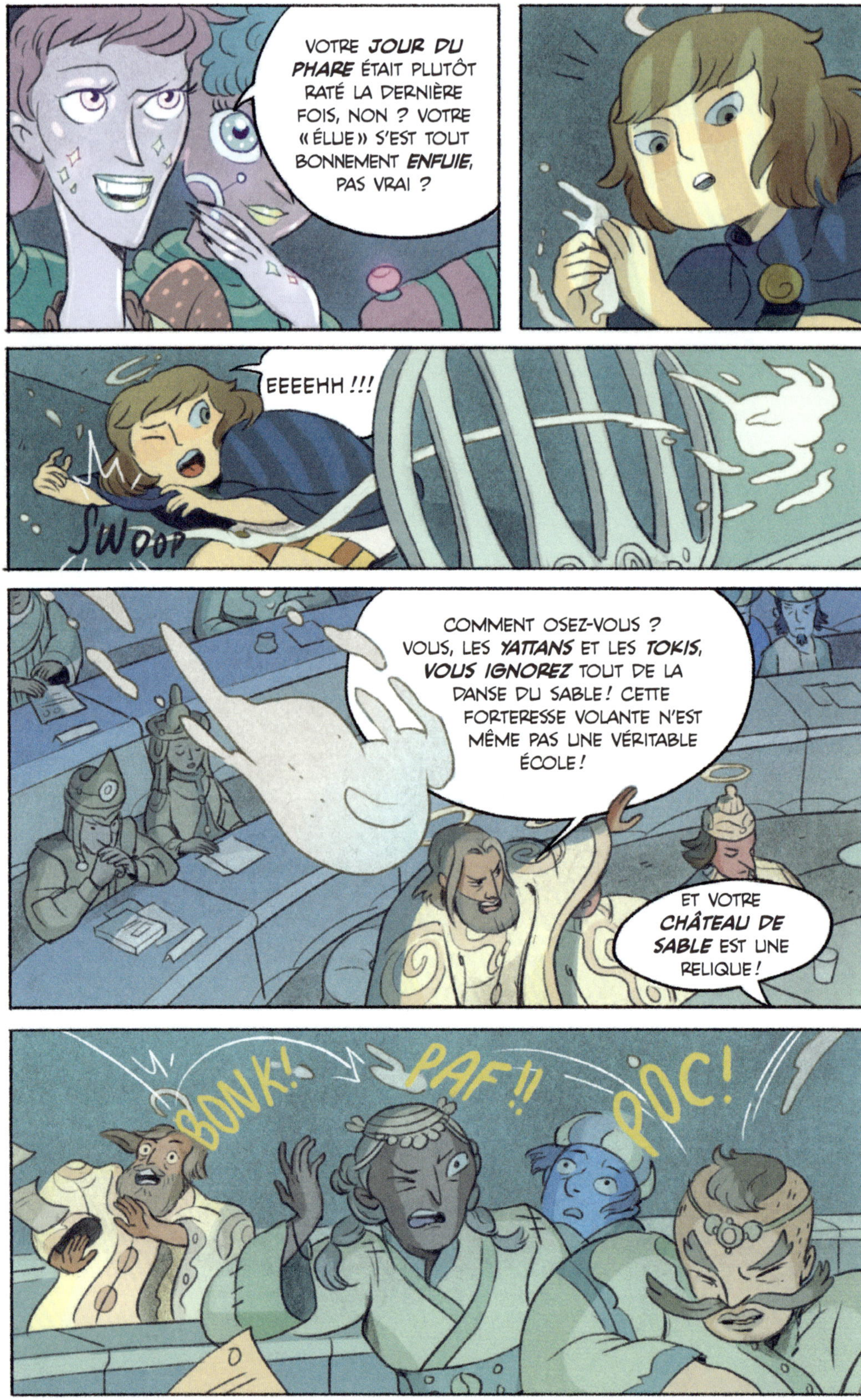
VOTRE JOUR DU PHARE ÉTAIT PLUTÔT RATÉ LA DERNIÈRE FOIS, NON ? VOTRE «ÉLUE» S'EST TOUT BONNEMENT ENFUIE, PAS VRAI ?
EEEEHH !!!
SWOOP
COMMENT OSEZ-VOUS ? VOUS, LES YATTANS ET LES TOKIS, VOUS IGNOREZ TOUT DE LA DANSE DU SABLE ! CETTE FORTERESSE VOLANTE N'EST MÊME PAS UNE VÉRITABLE ÉCOLE !
ET VOTRE CHÂTEAU DE SABLE EST UNE RELIQUE !
BONK!
PAF !!
POC!

POOF !
QUELLE INSULTE ! UNE MAUVAISE BLAGUE DE DANSEUR DE SABLE, PLUMB ??
HÉ HÉHÉ HÉHÉ HÉ !!
HAHA HAHA HAHA !!
PAR LE BRAS MANQUANT DE LA REINE, QUI OSERAIT ?!
JE CRAINS QUE NOUS NE PUISSION RETENIR VOTRE SUGGEST PLUMB.
IL NOUS FAUT PLUS DE UVES AU UJET DE
ET PUIS, N'Y A-T-IL PAS UN MATCH DE STARBALL, AU MÊME MOMENT, DEMAIN ?

Chapitre 2

LE GARÇON AU MASQUE

... JETÉ EN PRISON...
...INCIDENT DIPLOMATIQUE MAJEUR...
AUJOURD'HUI, MES PETITES LUNES, VOUS ALLEZ RECEVOIR VOTRE PREMIÈRE PIERRE DE SABLE !
OUIIIN ! J'AI DU SABLE DANS LES YEUX !

PRÊTS? DES ANIFORMES RÉALISTES, JE VOUS PRIE. ET OÙ EST ENCORE PASSÉE MLLE LEE ?

PAF!
BAAAMF!!

C'EST **INTERDIT** DE MONTER SUR LES TOITS.
ALORS, QU'EST-CE QUE **TU** FAIS LÀ ?
JOLI MASQUE DE SABLE. QUI ES-TU ?
VECTOR SANDERSON. ET TOI ?
OONA LEE.
TU NE VIENS PAS DU CHÂTEAU DE SABLE. **POURQUOI TU PORTES UN MASQUE ?**

PERSONNE NE DOIT SAVOIR ***QUI JE SUIS.***
...
TU ES L'ÉLU DE PLUMB, PAS VRAI ?
JE VIENS DE L'***ENTENDRE*** PARLER AU HAUT CONSEIL !
LA SITUATION EST ***GRAVE*** ! BEAUCOUP PLUS QUE JE NE LE PENSAIS ! ***IDYLLIA... LES HOMMES-PLANTES...***
LES ***ADULTES*** DU CONSEIL, TOUS CES RESPONSABLES... ILS NE SONT ***BONS À RIEN*** !
ILS N'ONT FAIT QUE SE DISPUTER ET SE ***MOQUER*** DE PLUMB ! ALORS QUE LES MONDES ***BRÛLENT*** DE L'INTÉRIEUR !

SI LE PHARE N'EST PAS RALLUMÉ DEMAIN, NOUS NE VERRONS PAS LE PROCHAIN JOUR DU PHARE !

EUH, À PROPOS DU JOUR DU PHARE...
... JE NE PEUX PAS COMBINER LES SABLES ! ÇA NE MARCHE PAS.
COMBINER LES SABLES ?!
LE DOYEN PLUMB VEUT QUE JE COMBINE LES SABLES, MAIS JE N'ARRÊTE PAS DE LE DÉCEVOIR !
JE CONNAIS ÇA.
MES FORMES DE SABLE M'ÉCHAPPENT TOUJOURS.
HAAAA !!!
FFSSS

WAOW, ELLES...
DÉSOLÉE ! JE NE VOULAIS PAS...
NON, REGARDE ! ELLES SE COMBINENT !
C'EST DE ÇA QUE PARLAIT PLUMB...
POURQUOI ? QU'EST-CE QUE C'EST CENSÉ FAIRE ?
JE N'EN SAIS RIEN ! PLUMB PENSE QUE C'EST LA CLÉ POUR RALLUMER LES PHARES.

ÇA NE TIENT PAS.
SI SEULEMENT JESSA ÉTAIT LÀ...
EN CINQUIÈME, ELLE ARRIVAIT DÉJÀ À PRODUIRE DES ANIFORMES QUE LA PLUPART DES PROFS ÉTAIENT INCAPABLES DE CRÉER. ELLE, ELLE AURAIT PU T'AIDER.
LEE ?!? TU ES DE LA FAMILLE DE JESSA LEE ?
OUI.
JESSA LEE EST LA PLUS GRANDE DANSEUSE DE SABLE DE TOUS LES TEMPS ! SI QUELQU'UN PEUT ALLUMER UN PHARE, C'EST ELLE !
SI ELLE CONNAISSAIT LES ENJEUX, PEUT-ÊTRE...

MAIS… ELLE EST VRAIMENT DEVENUE FOLLE ?
C'EST CE QUE TOUT LE MONDE DIT.
C'EST VRAIMENT BIZARRE… AUJOURD'HUI, ELLE M'A ÉCRIT POUR LA PREMIÈRE FOIS DEPUIS DES ANNÉES.
C'EST VRAI ? QU'EST-CE QU'ELLE DIT ?
JE N'Y COMPRENDS RIEN.
« POUR UNE FOIS, FAIS-MOI CONFIANCE, OONA ! PRENDS CE VAISSEAU POUR LUNE YATTA. JE TE PROMETS DE TOUT T'EXPLIQUER. UNE SOEUR, C'EST POUR LA VIE. TA JESSA. »
ET ELLE T'A ENVOYÉ UN BILLET.
POUR UN TRAJET À BORD DU PAPILLON DE LUNE. DEMAIN MATIN. LE JOUR DU PHARE !?
JE NE PEUX PAS MANQUER LE JOUR DU PHARE ! PAS ALORS QU'IL VA ENFIN ÊTRE ALLUMÉ !
ÇA N'ARRIVERA PAS.

C'EST SANS ESPOIR.
NE DIS PAS ÇA !
IL FAUT QUE QUELQU'UN L'ALLUME. C'EST LE SEUL MOYEN DE SAUVER LES MONDES !
JE VIENS DE TE DIRE QUE JE N'Y ARRIVERAI PAS ! PAS SEUL !
...
NON.
JE ME DEMANDE… TU AS DÉJÀ ÉTÉ AU MUSÉE DU SABLE ?
IL EST PLUS BAS, PRÈS DES OS DE LA REINE. IL CONTIENT DES TAS DE TRUCS. SUR LES SABLES. PEUT-ÊTRE MÊME SUR LA FAÇON DE LES COMBINER. JE VAIS TE MONTRER. MAIS D'ABORD…
QUOI… ?
JE VEUX VOIR TON VISAGE !

HEIN ? PAR LES MOUSTACHES DE LA REINE ! TU... TU ES UN TOKI ??
ET ALORS ? TU N'EN AVAIS JAMAIS RENCONTRÉ ?
SI, DES SERVITEURS... ! DONC... CE SABLE NOIR, C'EST DU SABLE TOKI ? TU AS ÉTÉ FORMÉ À L'AUTRE ÉCOLE ?
L'ACADÉMIE DE LA FORTERESSE VOLANTE. DEPUIS QUE JE SUIS TOUT BÉBÉ.
MAIS... MAIS JE CROYAIS QUE LE CHÂTEAU DE SABLE ET LA FORTERESSE VOLANTE SE HAÏSSAIENT !
PLUMB VENAIT NOUS RENDRE VISITE AVEC DES DIPLOMATES DOMANIENS, MAIS EN SECRET, IL ME FORMAIT. J'AI FINI PAR COMPRENDRE QU'IL Y AVAIT QUELQUE CHOSE DE POURRI AU CŒUR DE LA FORTERESSE !
TOKI REFUSE QU'ON RALLUME LES PHARES !... JE ME SUIS ÉCHAPPÉ POUR POURSUIVRE MA FORMATION PARCE QUE JE PENSE AU CONTRAIRE QU'IL FAUT LE FAIRE.

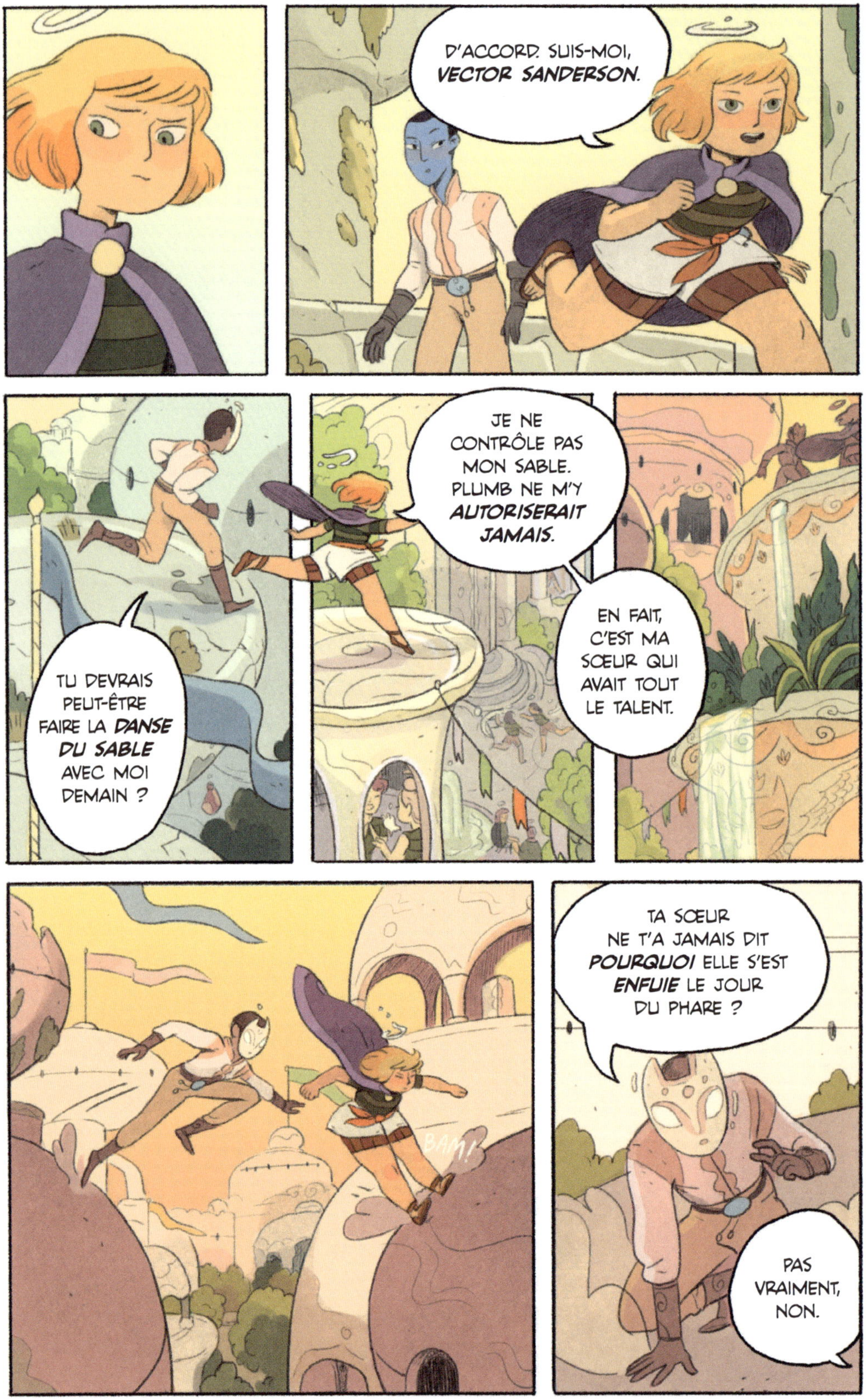
D'ACCORD. SUIS-MOI, **VECTOR SANDERSON.**
TU DEVRAIS PEUT-ÊTRE FAIRE LA **DANSE DU SABLE** AVEC MOI DEMAIN ?
JE NE CONTRÔLE PAS MON SABLE. PLUMB NE M'Y **AUTORISERAIT JAMAIS.**
EN FAIT, C'EST MA SOEUR QUI AVAIT TOUT LE TALENT.
BAM !
TA SOEUR NE T'A JAMAIS DIT **POURQUOI** ELLE S'EST **ENFUIE** LE JOUR DU PHARE ?
PAS VRAIMENT, NON.

ET SI TU ALLAIS LA CHERCHER POUR LA RAMENER ICI ? POUR QU'ELLE M'AIDE ?
LA CÉRÉMONIE, C'EST DEMAIN ! MÊME SI J'ARRIVAIS À LA CONVAINCRE, ON N'A PLUS LE TEMPS !
IL Y A PEUT-ÊTRE UN INDICE ! REGARDE PAR LÀ... "LES SABLES DES MONDES"... UN DE CHAQUE !
MÊME LE SABLE ÉMERAUDE DE GRIMBO(E) !
DE CHAQUE MONDE, SAUF DE TOKI.
EUH... OUAIS.

REGARDE, « LE GUERRIER DE SABLE » !
ET CELUI-LÀ... « LA CLÉ »...
JE ME DEMANDE SI JE POURRAIS...
SSSSSH
PAS MAL, POUR LA SOEUR QUI N'A PAS DE TALENT !
OH, OH.
TU NE PEUX PAS L'ARRÊTER ?
NON !!

LE TOMBEAU DE LA GRANDE REINE !
REVIENS ICI, TOI !
SWFFF

LÀ, IL S'ARRÊTE ! FAIS-LE REVENIR DANS TA PIERRE DE SABLE !
POURQUOI S'EST-IL ARRÊTÉ ICI ?
OH, ÇA ! JE DOUTE QUE QUICONQUE SACHE LE DÉCHIFFRER.
MOI, JE PEUX ! CE SONT DES RUNES FÉLIDÉES. ÇA DIT... « LE GUERRIER DE SABLE A CINQ JOURS DOMANIENS...
...POUR ALLUMER LE PREMIER PHARE AVEC... DU FEU VIVANT. »
CINQ JOURS DOMANIENS, VRAIMENT ?!
ENSUITE, ÇA PARLE DE... L'ALIGNEMENT DES TROIS SOLEILS... JUSQU'À CE QUE...
VECTOR ! IL N'EST PAS TROP TARD !!

HEIN ? TU VEUX DIRE... MÊME SI LA CÉRÉMONIE ÉCHOUE DEMAIN, TU AURAS ENCORE LE TEMPS DE...
... DE RETROUVER JESSA ET DE LA RAMENER AVANT QU'IL NE SOIT TROP TARD !
ET AVEC SON AIDE, TU POURRAS ALLUMER LE PHARE !
MAIS IL FAUT QUE JE PARTE TOUT DE SUITE...
TU NE PEUX PAS T'EN ALLER COMME ÇA, SI ?
LES FILLES ME DÉNONCERAIENT.
MAIS... DEMAIN MATIN...
OUI !! TOUT LE MONDE SERA OCCUPÉ PAR LA CÉRÉMONIE !
OONA, TU DOIS RAMENER JESSA LEE.

NON, PITIÉ, JESSA !
PITIÉ, NON ! EMMÈNE-MOI AVEC TOI !
JE NE PEUX PAS, MA PETITE OONA.
TU COMPRENDRAS PLUS TARD.
JE REVIENDRAI TE CHERCHER ! UNE SŒUR, C'EST POUR LA VIE, OONA.

FAUT-IL QUE JE LAISSE MA *PIERRE DE SABLE* ICI ?
ON NE SAIT JAMAIS.

BIENVENUE À LA 177E CÉRÉMONIE DU JOUR DU PHARE, QUI SE TIENT LORSQUE LES TROIS SOLEILS S'ALIGNENT, UNE FOIS TOUS LES SEPT ANS...
ALLIANT LA MAÎTRISE DE LA DANSE DU SABLE ET L'INNOCENCE DE LA JEUNESSE, L'ÉLU INVITE LE FEU VIVANT...
...ET SUR VOTRE DROITE, CES BAS-RELIEFS DE L'ÈRE FÉLIDÉE MONTRENT LA CRÉATION DES CINQ PHARES... LA REINE ET SON ARCHITECTE... LE SACRIFICE DE LA REINE...
... ATTENTION DANS LES ESCALIERS ! PAR ICI, LE MUSÉE DU SABLE, OÙ GISENT LES OS DE LA GRANDE REINE. GRÂCE À EUX, LE CHÂTEAU DE SABLE A CONSERVÉ SA FORME DEPUIS DES GÉNÉRATIONS !
ALLEZ, MAMAN, C'EST L'HEURE ! TOUS MES AMIS SONT AU MATCH DE STARBALL !
RONULPHE, JE TE JURE QUE SI TU N'ARRÊTES PAS DE PLEURNICHER...

WHOUSH!
SSS

Chapitre 3

COLLISION AU STADE DE STARBALL

♪
TU LES AS *TROUVÉES* ?
BIEN SÛR !
TU ES DOUÉ, *GAMIN*.
JE TE DONNE *TRENTE SECONDES*.

OUPS, JE N'AI PAS
BIEN FERMÉ LA PORTE
À L'ARRIÈRE.
J'Y RETOURNE !
STAN
MOON
H2O
CONCENTRÉ
ARRÊTEZ !

ATTENTION, À TOUTES LES UNITÉS...
IL A TROUVÉ LES TROIS ?
OUAIS ! ARNALDS, TWYPSEN EEET... LETOKO !
BALL
LETOKO
« FÉLICITATIONS, VOUS GAGNEZ DEUX BILLETS POUR LE MATCH DE CE SOIR ! »
YOUHOU ! ON VA VOIR JAX AMBOY !
TOUT EN HAUT DES TRIBUNES, MAIS QUAND MÊME... CE DRÔLE DE GAMIN A ASSURÉ !

REFUGE
RAMEAU !
Rations d'eau
attendez ici
AN TZU !

AAAH, C'EST MIEUX !
GRÂCE AUX DIEUX, IL RESTE LES PRODUITS NON CONTAMINÉS DU ***HORS-MONDE***.

ARF, PAS ENCORE DU SPRAY ALIMENTAIRE ORANGE! TU N'AS RIEN TROUVÉ D'AUTRE ?
J'AI ESSAYÉ, CROIS-MOI. C'EST TOUT CE QU'ILS AVAIENT.
MON PÈRE N'AURAIT PAS APPELÉ ÇA DE LA NOURRITURE...
NON, MAIS ÇA TE MAINTIENT EN VIE, PLUS OU MOINS.
PROFITE DU MATCH, GAMIN! J'AIMERAIS POUVOIR Y ALLER!
TOI!!!

N N'EN mange
QUE SI C'EST ORANGE
Stan moon!
TAP
TAP TAP

SOIS BÉNI, MON PETIT **AN TZU**. TU ES UN CADEAU DU CIEL. TES PARENTS SERAIENT **SI FIERS** DE TOI.
J'ESPÉRAIS JUSTE TROUVER DE LA **VRAIE** NOURRITURE, MADAME LESTAK.
BAH, ON NE PEUT PAS SE PERMETTRE DE FAIRE **LA FINE BOUCHE COMME DES DANSEURS DE SABLE**, PAS VRAI ?

MANGEZ ORANGE
AH!

ÇA A ENCORE...
...EMPIRÉ.
PRINCE
STANMOON
LES ENFANTS
QUE SI C'EST
Merci
Stanmoon
MISSING

PLACE DE LA VICTOIRE, CENTRE-VILLE DE CHRYSALIS...
SHUG SHG SHG
SHG SHG
ET ZUT ! CES VIEILLES BARGES À ORDURES TOKI MASQUENT NOTRE LUMIÈRE !
EN GÉNÉRAL, ELLES FONT LEUR COLLECTE DE L'AUTRE CÔTÉ DE LA VILLE.

JE N'ARRIVE PAS À CROIRE QU'ILS UTILISENT ENCORE CES BOÎTES DE CONSERVE À CARBURANT LIQUIDE.
ET QU'ILS EMPESTENT NOTRE CIEL AVEC !
COMME AVEC LEUR DRAPEAU, L'AISSELLE MALODORANTE DE TOKI ! HAHAHAHAHAHA !
CE N'EST PAS DRÔLE.
ALLEZ, DÉTENDS-TOI. VOUS AUTRES, VOUS N'AVEZ AUCUN HUMOUR.
HÉ
HÉ
HÉ
JE NE ME MOQUE PAS DE VOTRE DRAPEAU.

COMMANDANTE ZAYD...
SHG SHG
SHG SHG
NOUS SOMMES PRÊTS POUR L'INVASION...
... MAIS CE SERA PLUS DIFFICILE DE GÉRER L'OCCUPATION.
... VOUS ÊTES SÛRE, POUR LE CHÂTEAU DE SABLE? LES AUTRES MONDES TROUVERONT QU'ON VA TROP LOIN.
LES AUTRES MONDES NE S'EN MÊLERONT PAS, GÉNÉRAL RONAK. NOTRE PRINCE Y A DÉJÀ VEILLÉ.
IL SE SOUVIENT DES BLESSURES DE LA GUERRE DES CINQ MONDES, ET NOUS DEVONS EN FAIRE AUTANT.
L'HUMILIATION DE TOKI PREND FIN AUJOURD'HUI.

JE N'OUBLIERAI JAMAIS LA GUERRE, COMMANDANTE ZAYD. J'Y AI COMBATTU ALORS QUE VOUS N'ÉTIEZ MÊME PAS NÉE. MAIS VOS STRATÉGIES M'INQUIÈTENT. SURTOUT CONCERNANT LES OS...
NOTRE PRINCE DE COBALT A ÉTÉ TRÈS CLAIR. LES OS SACRÉS SERONT À LEUR JUSTE PLACE À LA FORTERESSE VOLANTE.
ET, QUOI QU'IL ADVIENNE, LE PHARE NE DOIT PAS ÊTRE RALLUMÉ.
CE N'EST PAS JUSTE UNE GUERRE CONTRE MON DOMANI, GÉNÉRAL RONAK.
C'EST LE SIMULACRE LUI-MÊME QUE NOUS COMBATTONS, RIEN DE MOINS! IL TIENT LE CHÂTEAU DE SABLE SOUS SON INFLUENCE MALÉFIQUE DEPUIS TROP LONGTEMPS. PRÉPAREZ-VOUS À LANCER LA PHASE UN.
OUI, COMMANDANTE.
PENDANT CE TEMPS, DANS LES RUES DE CHRYSALIS.

LA CHUTE de TOKI
glou
SOIS BÉNIE POUR TA GENTILLESSE, PETITE.

BIP BIP
BIP BIP
EXCUSEZ-MOI, MON **BILLET** CLIGNOTE.
C'EST VOTRE ***JOUR DE CHANCE!***
VOUS ÊTES TRANSFÉRÉE SUR LE « ***CORONA SOLARIS*** »!
BIP BIP
NON! C'EST UN BILLET POUR LE « PAPILLON DE LUNE »!
LE « PAPILLON DE LUNE » EST ***COINCÉ À MAYAPOLIS*** POUR RÉPARATIONS. CES ***TACOTS À CARBURANT LIQUIDE*** NE SONT PAS FIABLES, C'EST LE MOINS QU'ON PUISSE DIRE!
MAIS...
N'AYEZ CRAINTE! VOUS ÊTES SURCLASSÉE ***GRATUITEMENT!*** LE « ***CORONA SOLARIS*** » EST ***FLAMBANT NEUF*** ET ÉQUIPÉ DE LA TECHNOLOGIE DU ***RÉSEAU ROUGE! MOINS BRUYANTE, PLUS PROPRE*** ET ***PLUS RAPIDE!***

STADE DE STARBALL.
HOP
OUAIS!!
OUAIS!
... ET LES PIRATES DE PÉRIDOT S'ÉLANCENT!
WOUHOU!
LES TÊTES-DE-CUIR D'AMBRE OUVRENT LE BAL AVEC UNE CHARGE PUISSANTE, MAIS POURRONT-ILS BATTRE L'AIMANT ?
ALLEZ!!

OH, NON ! JERROL WILKIN VIENT D'ÊTRE ASPIRÉ TROIS PAS EN ARRIÈRE, MAIS IL CONTINUE DE LUTTER !
BAAM !
ZZZT !
WOUHOU ! TÊTES-DE-CUIR !!
IL FONCE VERS UNE COLLISION AVEC LA LIGNE AVANT DES PIRATES ! DRAPEAU ROUGE !
CRAC
JE PROFITE DE CETTE PETITE PAUSE POUR ENVOYER MES RESPECTS AUX BRAVES GENS DU CHÂTEAU DE SABLE DE CHRYSALIS ! COMME VOUS LE SAVEZ PEUT-ÊTRE...
... C'EST UN PEU INHABITUEL QU'UN MATCH AIT LIEU LE JOUR DU PHARE...

TOUS NOS VŒUX À L'ÉLU DE CETTE ANNÉE !
CLAP CLAP
CLAP CLAP
MAIS SI, COMME L'ÉLUE PRÉCÉDENTE, IL DÉCIDE QU'IL A MIEUX À FAIRE AUJOURD'HUI, NOUS L'ACCUEILLERONS VOLONTIERS À CE FANTASTIQUE MATCH DE STARBALL !
AHAHAHAHA
HAHA
HAHA!
AU REVOIR, CHRYSALIS!
CE MONDE VAUT LA PEINE D'ÊTRE SAUVÉ, JESSA…
zZOUUUUM
… REVIENS AVEC MOI!

ET TWYPSEN A RÉUSSI !
BZZT !
ZZT !
LA GRILLE EST ALLUMÉE !
VOICI VENIR LES VOLTIGEURS, ET CELUI QUE LES FANS DES TÊTES-DE-CUIR ATTENDENT DEPUIS LE DÉBUT...
WOO
OUAIS
ALLEZ ! TÊTES-DE-CUIR !!
OUAIS !!
WOUU !
LE « JEUNE PRODIGE » EN PERSONNE !
LE PLUS AÉRIEN DES VOLTIGEURS !
ZZT
L'INCROYABLE, L'IRRÉSISTIBLE...
AAH... !

...JAX AMBOY!!!!
OUUAAIIS
JAX!
JAX!!
JAX!!

OUAIIIS !!
JAX !
JAX !
JAX !!
ALLEZ AMBOY !
OUAIS
WOUHOU !
AMBOY !!
AMBOY !
AMBOY NOUS GRATIFIE DE SON CÉLÈBRE TRIPLE SAUT !
OUAIIIS !!
WOOP !
ALLEZ JAX !
WOUHOU !!

MESDAMES ET MESSIEURS, POUR CEUX D'ENTRE VOUS QUI ARRIVENT À S'ARRACHER UN INSTANT AU MATCH DE STARBALL...
ZOOOM
...SUR VOTRE GAUCHE, VOUS POUVEZ ADMIRER UNE TRÈS BELLE VUE DU CENTRE-VILLE DE CHRYSALIS...
... ET SUR VOTRE DROITE, LA TOUR DE RELAIS DU RÉSEAU ROUGE, QUI FOURNIT UNE ÉNERGIE PROPRE À TOUT MON DOMANI !
BIP
BIP
EN FAIT, ELLE ALIMENTE CE VAISSEAU MÊME !

KAH-
BOUM!!
AAAAH!!
!!?!
QUE SE PASSE-T-IL ?
LE RELAIS ROUGE!
!!
AAH!

LE... LE RELAIS DU **RÉSEAU ROUGE** VIENT **D'EXPLOSER** ?
MAIS... **CES** NOUVEAUX VAISSEAUX NE SONT-ILS PAS JUSTEMENT **ALIMENTÉS PAR**... ?!?
BRRRM...MM
MMMNN
QUE TOUT LE MONDE RESTE CALME.
HHH-
HHK-

VOUUM
AAAHH!
AAAH!!

BRRMM–

CRAASSHH!!
AHHH!!
GAH!!
NNH—
!!

PIOUUU—
SSHHHHH
WHOOMPF
TSSSSS

QUE... ?
QUE S'EST-IL PASSÉ ?
LE RELAIS ROUGE VIENT DE... D'EXPLOSER ! LES NOUVEAUX VAISSEAUX SONT TOMBÉS ! J'ÉTAIS À BORD DE L'UN D'EUX !
PAR LES DIEUX BIENVEILLANTS ! J'ESPÈRE QUE MES AMIS SONT SAINS ET SAUFS.
MOI AUSSI !

IL FAUT QU'ON TROUVE UN MOYEN DE SORTIR D'ICI.
TU ES UNE *DANSEUSE DE SABLE*?
EN FORMATION.
TU AS FAIT QUELQUE CHOSE. *TU M'AS SAUVÉ.*
PEUT-ÊTRE QUE QUELQUE CHOSE NOUS A SAUVÉS *TOUS LES DEUX*?
?!?

SLFF
DANSEUSE DE SABLE ! PAR ICI !
MONSIEUR AMBOY ? MONSIEUR AMBOY ?
C'EST JAX AMBOY !
JE CRAINS DE NE PAS POUVOIR BOUGER. VOUS CROYEZ QUE VOUS POURRIEZ ME DÉGAGER ?
IL EST VIVANT !!

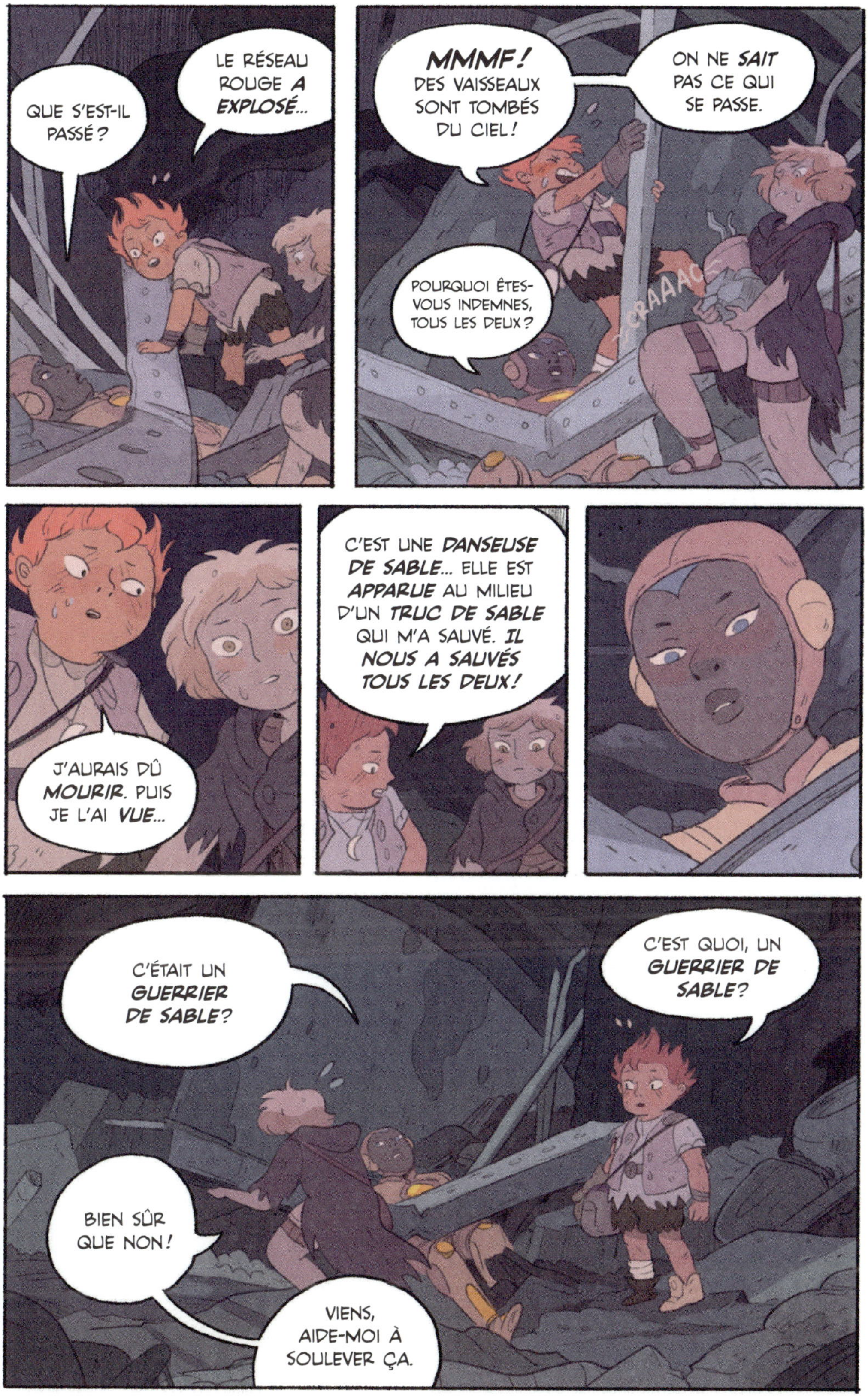
QUE S'EST-IL PASSÉ ?
LE RÉSEAU ROUGE A EXPLOSÉ...
MMMF ! DES VAISSEAUX SONT TOMBÉS DU CIEL !
ON NE SAIT PAS CE QUI SE PASSE.
POURQUOI ÊTES-VOUS INDEMNES, TOUS LES DEUX ?
CRAAAC
J'AURAIS DÛ MOURIR. PUIS JE L'AI VUE...
C'EST UNE DANSEUSE DE SABLE... ELLE EST APPARUE AU MILIEU D'UN TRUC DE SABLE QUI M'A SAUVÉ. IL NOUS A SAUVÉS TOUS LES DEUX !
C'ÉTAIT UN GUERRIER DE SABLE ?
C'EST QUOI, UN GUERRIER DE SABLE ?
BIEN SÛR QUE NON !
VIENS, AIDE-MOI À SOULEVER ÇA.

MON ONCLE JEP TROUVERAIT ÇA TRÈS INTÉRESSANT.
UGH.
TROP LOURD !
HH
HFF
C'EST QUOI, ÇA?
CA S'APPELLE UNE PIERRE DE SABLE.
ELLE PEUT NOUS AIDER ?
PEUT-ÊTRE.
WAOW.

TU CRÉES DE PETITS PERSONNAGES DE SABLE ?
DES ANIFORMES BASIQUES. MAIS LES MIENNES NE M'OBÉISSENT PAS TOUJOURS...
...ET ELLES NE CONSERVENT LEUR FORME QUE PEU DE TEMPS. UN MAÎTRE DANSEUR POURRAIT...
ÇA MARCHE !
TENEZ BON, MONSIEUR AMBOY !!
POUSSE ENCORE... ON Y EST PRESQUE...
CRRRR...
AAAAH !!!

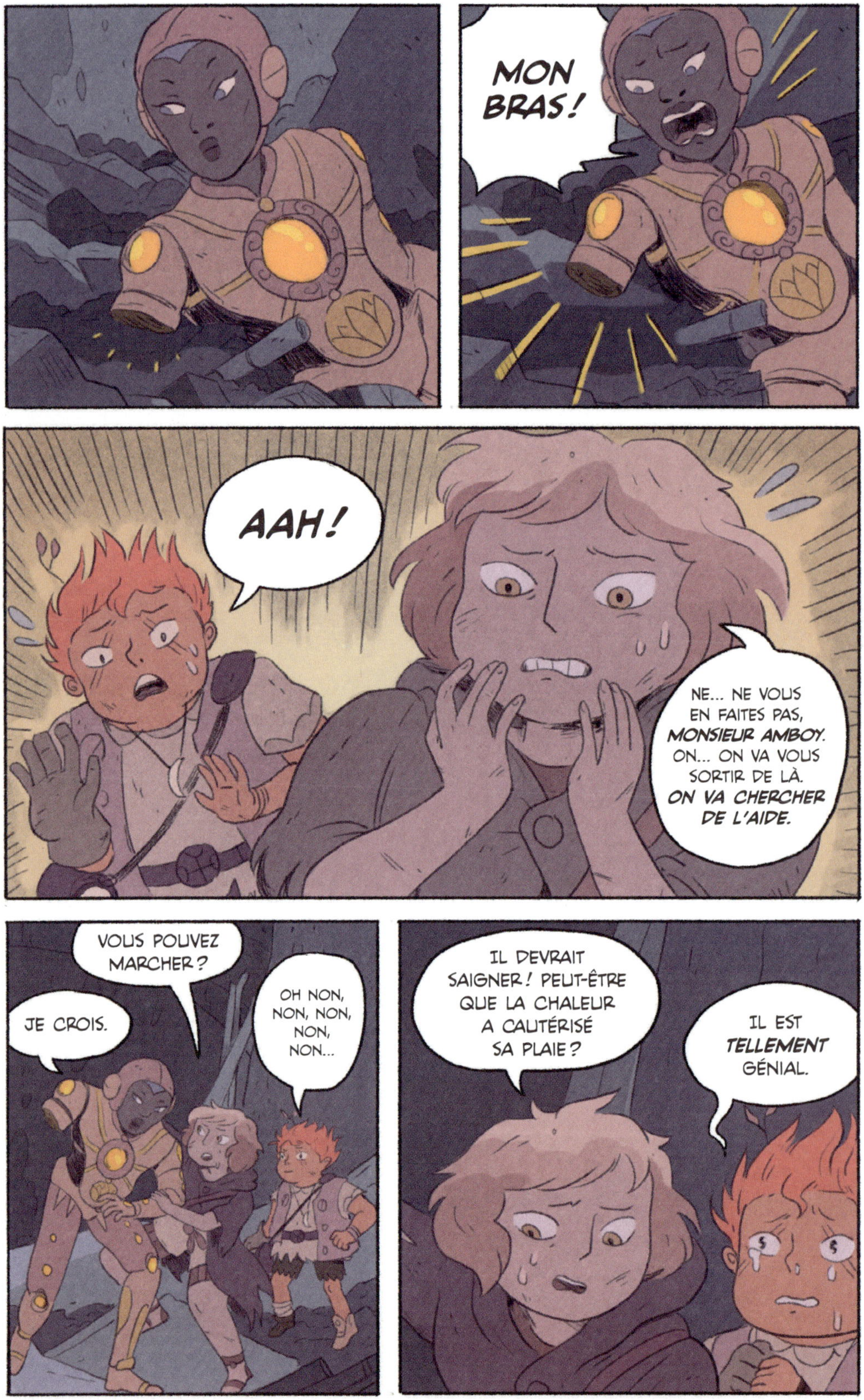
MON BRAS !
AAH !
NE... NE VOUS EN FAITES PAS, **MONSIEUR AMBOY**. ON... ON VA VOUS SORTIR DE LÀ. **ON VA CHERCHER DE L'AIDE.**
VOUS POUVEZ MARCHER ?
JE CROIS.
OH NON, NON, NON, NON, NON...
IL DEVRAIT SAIGNER ! PEUT-ÊTRE QUE LA CHALEUR A CAUTÉRISÉ SA PLAIE ?
IL EST **TELLEMENT** GÉNIAL.

ICI !

...JE VOUS DIS QU'IL N'Y A PAS DE VAISSEAUX !
QUE S'EST-IL PASSÉ ? ÉTAIT-CE UN ACCIDENT ?
NON, PAS UN ACCIDENT !!
TOUS LES RELAIS DU RÉSEAU ROUGE DE LA PLANÈTE ONT EXPLOSÉ EN MÊME TEMPS. C'EST UNE ATTAQUE !
MAIS LANCÉE PAR QUI ?
LES COMMS ONT ÉTÉ COUPÉES AVANT QU'ILS PUISSENT LE DIRE.
VOUS AVEZ PAS VU MON PÈRE ? IL PORTAIT UN CHAPEAU À LARGES BORDS...
JE DOIS APPELER CHEZ MOI. JE DOIS APPELER CHEZ MOI. JE DOIS...
LES APPAREILS SONT TOUS HORS SERVICE. PLUS DE COMMUNICATIONS. MERCI DE DÉGAGER LES LIEUX.

TOUS LES VAISSEAUX NE SE SONT PAS ÉCRASÉS.
IL RESTE LES BARGES À ORDURES ***TOKI***.
DES ***BOÎTES DE CONSERVE À CARBURANT*** LIQUIDE. ELLES N'ÉTAIENT PAS ALIMENTÉES PAR LE RÉSEAU ROUGE.
MAIS POURQUOI ELLES ***RESTENT LÀ-HAUT*** SANS RIEN FAIRE AU LIEU DE NOUS AIDER ?
PEUT-ÊTRE QUE CE SONT ***LES TOKIS*** QUI ATTAQUENT ***MON DOMANI*** ? EST-CE POSSIBLE ? ALLONS SUR ***LA PLACE DE LA VICTOIRE***. QUELQU'UN LÀ-BAS DEVRAIT POUVOIR VOUS AIDER, ***JAX AMBOY***.

Chapitre 4

LA CHUTE DU CHÂTEAU DE SABLE

CHÂTEAU DE SABLE, COUR INTÉRIEURE.
LUNE YATTA A RÉPONDU ?
NON! ILS VIENNENT D'ÉMETTRE UN COMMUNIQUÉ EXHORTANT TOUTES LES PARTIES À «FAIRE PREUVE DE RETENUE» ET À RÉSOUDRE LEURS DIFFÉRENDS DE MANIÈRE PACIFIQUE!
EN D'AUTRES TERMES, ILS NE LÈVERONT PAS LE PETIT DOIGT POUR NOUS AIDER — S'ILS NE SONT PAS EUX-MÊMES À L'ORIGINE DE L'ATTAQUE.
LES TRAÎTRES!
ANNULEZ LES PRÉLIMINAIRES, ET QUE VECTOR COMMENCE SA DANSE IMMÉDIATEMENT! NOUS DEVONS ALLUMER LE PHARE AVANT QU'IL NE SOIT TROP TARD!

CENTRE-VILLE DE CHRYSALIS.
ATTENDEZ, POURQUOI CELLE-CI SE DIRIGE-T-ELLE VERS LE CHÂTEAU DE SABLE ?
ET... LES BARGES À ORDURES NE SONT PAS ARMÉES, NON ?
SHG SHG
CHRAAKK
OH, NON... VEA ? VECTOR ?
LE PHARE !!

ATTENDS ! EH ! TU COURS VERS L'EXPLOSION !
TAP TAP
JE NE MONTE PAS LÀ-HAUT !
QUE FERAIT ONCLE JEP ?
BIEN SÛR ! IL PROTÉGERAIT LA FILLE AU GUERRIER DE SABLE !
!?!
QUOI ? VOUS DEVEZ ALLER À L'HÔPITAL, PAS FONCER VERS...
FFTTT
ET C'EST QUOI, UN GUERRIER DE SABLE ?
HUF
HUF
CHRAAK !
KSHH
ILS SONT AUX TOURS EXTÉRIEURES !!

VECTOR DOIT COMMENCER LA DANSE DU SABLE !
MAIS...
SHAKSSH !
MAINTE-NANT !!!
STOMP !
SSHOUUUF
IL L'A FAIT !
REGARDEZ ! LE FEU !!
LE FEU VIVANT !!!

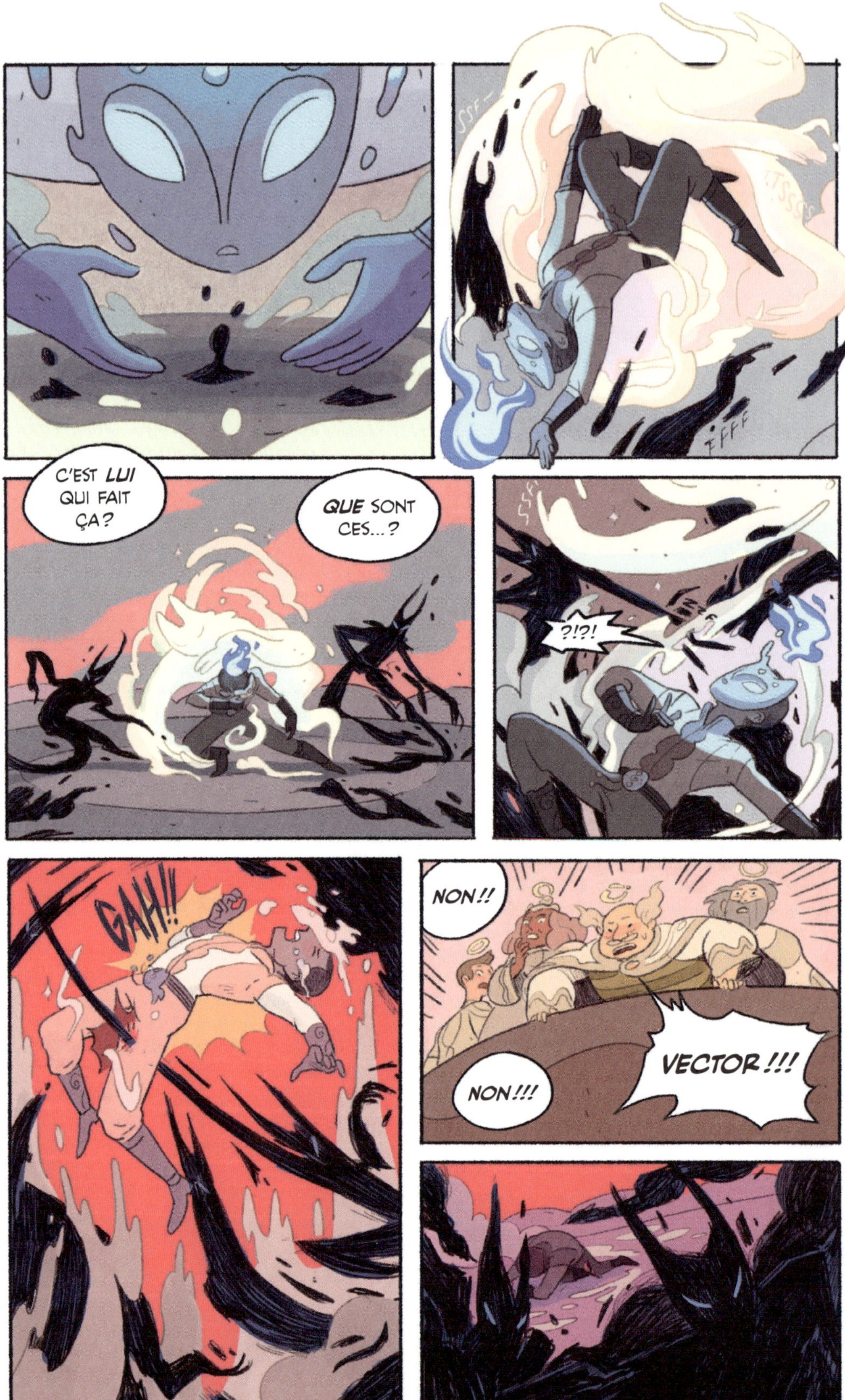
SSF—
TSSSS
FFFF
C'EST LUI QUI FAIT ÇA?
QUE SONT CES...?
?!?!
GAH!!
NON!!
VECTOR!!!
NON!!!

NON! PAS L'ÉLU!!
CRAAC!
CRASH!

ILS SE DIRIGENT VERS LES FONDATIONS !
ARRÊTEZ-LES ! NE LES LAISSEZ PAS S'APPROCHER DES OS DE LA REINE !!

INVOQUEZ VOS SABLES !
AUCUN DE NOUS NE MAÎTRISE LES ANIFORMES DE COMBAT !
CRAK-!!
KKSH
TENEZ BON !
LES OMBRES DE SABLE Y SONT PRESQUE !

CRÉEZ DES ANIFORMES AUTOUR DE LA REINE !
PAS UN GESTE !
CES CHOSES ?!
ELLES... CHAUFFENT !

ZZZZZFF
DU SABLE NOIR ARMÉ ! RECULEZ !
BAAM
CHK
PRÊT !
C'EST BON !

SHG
SHUG
SHG
SHG-SH
DOYEN PLUMB, REGARDEZ !
LES MURS DU CHÂTEAU !
CRAA-CK
CRR-
ÉVACUEZ ! TOUT EST PERDU ! SAUVEZ LES ÉLÈVES !

TAP TK
VEA! VECTOR! PAR ICI!
CRR—
CRAC
OONA! ILS ONT PRIS LA REINE! FUIS!! TROUVE TA SOEUR!
TSSHH—
OONA! TU ES NOTRE DERNIER ESPOIR! LA DERNIÈRE DES TROIS...
?!?

AAH!
KSSHH
ILS LES EMMÈNENT!!

LE CHÂTEAU S'EFFONDRE ! PAR OÙ ON SORT ?
BOUM !

JE CONNAIS UN MOYEN !
LES DESCENTES DE LINGE !
ELLES ARRIVENT AU NIVEAU DE LA RUE !!
CRNC CRN
SAUTEZ !!

PFFFFTTT
?
FLOOP!
CES ROBOTS NE SAVENT MÊME PAS CE QUI VIENT D'ARRIVER...

...AU CHÂTEAU DE SABLE.

Chapitre 5
EN ROUTE POUR MAYAPOLIS

JE... JE DOIS TOUJOURS ALLER SUR *LUNE YATTA*. MAINTENANT PLUS QUE JAMAIS, JE DOIS TROUVER MA SOEUR.
ET VOUS, *MONSIEUR AMBOY*?
IL FAUT QU'ON S'OCCUPE DE VOTRE BRAS !
SEUL MON *ONCLE JEP* PEUT M'AIDER. ET IL HABITE LOIN D'ICI, À *MAYAPOLIS*.
JE CONNAIS QUELQU'UN QUI PEUT VOUS EMMENER LÀ-BAS ! PAR ICI ! UN *TUNNEL D'ÉVACUATION* MÈNE JUSQU'À MA VILLE NATALE, SAO SABLO.
VOUS AVEZ DIT *MAYAPOLIS*?
C'EST LÀ QUE SE TROUVE LE « *PAPILLON DE LUNE* ».
IL FONCTIONNE AU *CARBURANT LIQUIDE*, DONC IL Y A UNE CHANCE QU'IL MARCHE ENCORE...
JE VIENS AVEC VOUS !

ST
LAISSEZ-MOI VOUS AIDER, **MONSIEUR AMBOY** !
HNG
TU PEUX M'APPELER **JAX**, COMME TOUT LE MONDE.
TU AS OUBLIÉ DE LUI **CIRER LES BOTTES** AU PASSAGE !

MAIS POURQUOI SAO SABLO ? POURQUOI LES TOKIS S'EN PRENDRAIENT-ILS À UN BIDONVILLE ?
IL N'Y A PAS DE SIGNES D'ATTAQUE ICI.
ON DIRAIT JUSTE QUE LES NOUVEAUX VAISSEAUX SE SONT ÉCRASÉS QUAND LE RÉSEAU ROUGE A CESSÉ DE FONCTIONNER.
NON !!!

C'EST AFFREUX !!
JE SUIS DÉSOLÉ !
C'EST ICI QUE TU VIVAIS ?!?
ÇA NE VAUT PAS LE CHÂTEAU DE SABLE, MAIS C'ÉTAIT CHEZ MOI.
PARDON, C'EST PAS CE QUE JE VOULAIS DIRE.
PEU IMPORTE. IL FAUT TROUVER RAMEAU.

RAMEAU !
CONTENT QUE TU SOIS **EN VIE**, GAMIN !
C'EST L'ŒUVRE DES **TOKIS**, TU SAIS. **C'EST LA GUERRE !!**
JE SAIS ! ON LES A VUS ATTAQUER LE CHÂTEAU DE SABLE ! ILS L'ONT DÉTRUIT !
DÉTRUIT ?! LE CHÂTEAU DE SABLE !
IL VAUDRAIT MIEUX **FILER**. TES SEMBLABLES SE DIRIGENT VERS LES COLLINES. **TU DEVRAIS TE JOINDRE À EUX.**

RAMEAU, MOI ET MES DEUX AMIS, ON DOIT SE RENDRE À MAYAPOLIS.
JE N'AI PAS LE TEMPS D'AIDER QUI QUE CE SOIT.
CE N'EST PAS N'IMPORTE QUI, RAMEAU.
BONNE SÈVE DE BONSOIR ! C'EST JAX AMBOY ??
D'ACCORD, D'ACCORD ! PRENEZ CHACUN UNE BROUETTE ET SUIVEZ-MOI...
...AVANT QU'ON ÉTOUFFE.
KOF
KOF !
SQK SQK

JE NE PEUX RIEN VOUS PROMETTRE ! C'EST LA PÉNICHE DE MA COUSINE BRYACÉE.
ELLE EST COMPLÈTEMENT VÉGÉTALE, PAS SÈVE-MÊLÉE COMME MOI.
ELLE N'AIMAIT DÉJÀ GUÈRE VOTRE PEUPLE AVANT QUE LES VAISSEAUX NE COMMENCENT À TOMBER DU CIEL.
ABSOLUMENT PAS ! CES IDIOTS D'HUMAINS SONT DE NOUVEAU EN GUERRE.
JE REFUSE D'EN PRENDRE UN SEUL À BORD !

JE TE DIS QUE C'EST UNE LÉGENDE VIVANTE DU STARBALL !
TU SAIS QUE TON JEU NE SIGNIFIE RIEN POUR MOI. ET PUIS, JE N'ARRIVE PAS À LE SONDER.
JE NE PERÇOIS RIEN.
C'EST PARCE QU'IL EST BLESSÉ. EN ÉTAT DE CHOC ! MAIS L'AUTRE GARÇON, JE LE CONNAIS DEPUIS DES ANNÉES. JE ME PORTE GARANT DE LUI !
IL EST MALADE, N'EST-CE PAS ?
CE N'EST PAS CONTAGIEUX. MAIS IL NE LUI RESTE GUÈRE DE TEMPS À VIVRE.
AN TZU EST UN BRAVE GAMIN, BRYACÉE.
C'EST BON, C'EST BON. ON LARGUE LES AMARRES DANS DEUX MINUTES. FAIS-LES MONTER À BORD.

TUFF
TFF
TF
JE VAIS TROUVER UN MOYEN...
MAIS TU DEVRAS FAIRE TA PART...
...JESSA.

SFFFFH
QU'EST-CE QUE TU LIS ?
UN LIVRE QUE MON PÈRE ME LISAIT AUTREFOIS. CES HISTOIRES SUR LE *SIMULACRE* NOUS DONNAIENT DES *CAUCHEMARS*.
OÙ SONT TES PARENTS ?
MON *PÈRE* EST TOMBÉ MALADE À CAUSE DE LA *CONTAMINATION*. ON AVAIT UNE *FERME*, À L'ÉPOQUE...
BAM
MAIS MA MÈRE N'A PAS PU LA GÉRER TOUTE SEULE, ALORS ON EST VENUS S'INSTALLER À *CHRYSALIS*. LA *FIÈVRE ROUGE* L'A EMPORTÉE.
JE SUIS VRAIMENT DÉSOLÉE, *AN TZU* ! JE N'AI RIEN CONNU D'AUTRE QUE LE *CHÂTEAU DE SABLE*. JE NE ME RENDAIS PAS COMPTE QUE C'ÉTAIT SI TERRIBLE À L'EXTÉRIEUR.
ÇA A EMPIRÉ RÉCEMMENT, AVEC LA *PÉNURIE*. ET TOI, *TA* FAMILLE ?

JE FAIS PARTIE DU PROGRAMME D'ADOPTION DU DOYEN PLUMB. MA SŒUR JESSA SE RAPPELLE PEUT-ÊTRE NOS VRAIS PARENTS, MAIS PAS MOI.
JE ME SOUVIENS QUE MON PÈRE ÉTAIT FURIEUX FACE À L'ÉTAT DES MONDES...
LA SEULE FAÇON DE L'AMÉLIORER, C'EST D'ALLUMER CES PHARES.
COMMENT EN ES-TU SI SÛRE ?
JE LE SENS. TOUT EST DÉSÉQUILIBRÉ AUTOUR DE NOUS, PAS JUSTE LES GENS...
MAIS LE CHÂTEAU DE SABLE N'EST PLUS. LA PLUPART DES DANSEURS ONT ÉTÉ CAPTURÉS.
C'EST POURQUOI JE DOIS ME RENDRE SUR LUNE YATTA. MA SŒUR JESSA EST LÀ-BAS...
ET ELLE EST LA SEULE CAPABLE D'ALLUMER LE PHARE ! JE VAIS LA CONVAINCRE DE REVENIR À CHRYSALIS AVEC MOI.
SI ELLE EST SI DOUÉE, QUE FAIT-ELLE SUR LUNE YATTA ?
D'APRÈS CE QUE J'AI VU AU STADE, TU ES UNE BONNE DANSEUSE DE SABLE. POURQUOI TU N'ALLUMES PAS LES PHARES TOI-MÊME ?
TU NE COMPRENDS PAS. CE N'EST PAS SI SIMPLE.

Chapitre 6

L'ÎLE AUX CHATS

Elle était accompagnée par un brillant architecte félidé, qui construisit les Cinq Phares. La reine fut éblouie par son travail, et tomba bientôt amoureuse de lui.
Elle baptisa les Cinq Mondes son «Jardin des Âmes». Ce fut une réussite éblouissante. Toutes les espèces humaines prospéraient et vivaient en harmonie. Elle et son architecte eurent un fils, qu'ils nommèrent le prince Felid.
Puis un jour, la grande Catastrophe s'abattit sur le Jardin de la Reine. Un être maléfique, le Simulacre, s'y était introduit, dissimulé au sein de la cour même… Son influence perverse se répandit, telle une épidémie.
Nombreux furent ceux qui y succombèrent.
Parmi eux, l'architecte, le compagnon bien-aimé de la reine : celui en qui elle avait le plus confiance se laissa séduire par le Simulacre.

Le Simulacre provoqua une rébellion contre la Grande Reine. Celle-ci, le prince Felid, sa cour et les humains qui lui étaient restés fidèles se retrouvèrent cernés au sommet du mont Chrysalis, à Mon Domani.
Là, le Simulacre lança son assaut final, déployant toute sa puissance contre elle – et il lui infligea une blessure mortelle.
Mais il l'avait sous-estimée. La Grande Reine projeta un de ses bras en plein cœur de l'être maléfique avec une telle force que bras et cœur malfaisant furent propulsés loin de Mon Domani…
… Et à travers les mondes, où ils finirent par s'écraser dans une plaine déserte de Lune Toki. Ils s'enfoncèrent jusque dans les entrailles en fusion du monde bleu et furent scellés dans la pierre, si profondément que nul ne pourrait jamais récupérer le cœur du Simulacre…

Le Simulacre était vaincu, mais son influence destructrice avait contaminé les humains. Même éparpillée et affaiblie, elle risquait d'infecter le reste de l'univers. Aussi fallut-il sceller les Cinq Mondes.
Chacun des grands Phares s'éteignit.
La Reine fit des adieux déchirants à son fils bien-aimé, le jeune prince Felid.
CONTINUE.
Tandis qu'il fuyait à bord d'un des grands vaisseaux avec les derniers félidés, le prince vit l'ultime geste de la Reine…

… Avec son dernier souffle, elle érigea le château de sable au sommet du mont Chrysalis, afin qu'il devienne un sanctuaire d'apprentissage où les humains se prépareraient…
… pour, un jour, vaincre le Simulacre et rallumer les grands Phares …
… Sans quoi les Cinq Mondes seraient perdus pour de bon.
JE SAIS, C'EST LE LIVRE POUR ENFANTS LE PLUS *DÉPRIMANT* QU'ON AIT JAMAIS ÉCRIT.
L'HISTOIRE QU'ON NOUS RACONTAIT AU *CHÂTEAU DE SABLE* ÉTAIT UN PEU DIFFÉRENTE. TU CROIS QUE LE SIMULACRE EXISTE VRAIMENT ?
J'EN SAIS RIEN. QUAND J'ÉTAIS PETIT, IL ME *TERRIFIAIT*. MAIS PERSONNE NE L'A JAMAIS VU, DONC J'EN SUIS PAS SI SÛR.

OH OH...
... À COUVERT !
CH CHG CHG
CHG
CHG
PRÉPAREZ-VOUS À L'ABORDAGE !
EUH, MONSIEUR, NOUS NE SOMMES QUE DE MODESTES HOMMES-PLANTES QUI SUIVONS NOTRE CHEMIN. LES DISPUTES ENTRE HUMAINS NE NOUS CONCERNENT PAS.
ÉCARTEZ-VOUS ! MON DOMANI EST DÉSORMAIS SOUS ADMINISTRATION TOKI. NOUS AVONS AUTORITÉ POUR INSPECTER TOUTES LES CARGAISONS QUI CIRCULENT ENTRE LES CITÉS-ÉTATS !
SOUS ADMINISTRATION TOKI ?... SOYEZ LE BIENVENU, CAPITAINE. NE VOUS EN FAITES PAS POUR LES SOUFFLEURS ET LE LIERRE. VOUS N'ÊTES PAS ALLERGIQUE, PAS VRAI ?

HEIN ? EUH...
TEUF
TEUF
TEUF
AH-AH-
ATCHOUM !!
QU'Y A-T-IL DANS LE FOND ?
UNE CARGAISON DE LIERRE GARDIEN POUR MAYAPOLIS. JE VOUS EN PRIE, VÉRIFIEZ PAR VOUS-MÊME.
CHOMP
AH, OUPS, J'OUBLIAIS : IL VAUT MIEUX NE PAS TOUCHER CELA, LES HUMAINS ONT D'ÉTRANGES RÉACTIONS...
AH-TCHOUM !
PAS D'INQUIÉTUDE, ÇA DEVRAIT DISPARAÎTRE RAPIDEMENT. D'ICI QUELQUES JOURS... UNE SEMAINE TOUT AU PLUS.
AH !!

AH-
AH-
ATCHOUM!
ATCHOUM!!
SALETÉS DE SANG-VERT! DÉGAGEZ!
CRÉATURES DÉGOÛTANTES!
CHUG CHG
HÉ HÉ, BIEN JOUÉ, RAMEAU!
HAHAHA
CHOU
DONC, LES TOKIS DIRIGENT MON DOMANI? ILS ONT GAGNÉ LA GUERRE?
LES AUTRES MONDES NE SERONT PAS CONTENTS. LUNE YATTA NE LES LAISSERA PAS FAIRE!

À MOINS QUE LES *CONGLOMÉRATS YATTANS* NE SOIENT IMPLIQUÉS LÀ-DEDANS.
MAIS POURQUOI VOLER LES OS DE LA REINE ? ÇA N'A PAS DE SENS !
ILS PRENNENT LE CONTRÔLE DE *TOUTE LA PLANÈTE*. J'IMAGINE QUE LORSQUE NOUS ARRIVERONS, *MAYAPOLIS* GROUILLERA DÉJÀ DE SOLDATS TOKI...

ÇA VA, AN TZU? ON DIRAIT QUE TU AS VU UN FANTÔME.
J'AI UN PEU LE MAL DE MER, C'EST TOUT.
IL ÉTAIT VRAIMENT SI BON QUE ÇA?
LE MEILLEUR. MAIS JE NE CROIS PAS QU'IL POURRA REJOUER AU STARBALL.
C'EST SI TRISTE.
TEUF
TEUF

OÙ AS-TU APPRIS CET AIR, PETIT ? C'EST UNE MUSIQUE TRÈS ANCIENNE !
JE NE SAIS PAS TROP. JE L'AI TOUJOURS FREDONNÉ.
JE VAIS T'ENSEIGNER UNE MÉLODIE QUE TOUTES LES PLANTES CONNAISSENT. SI TU APPRENDS À *BIEN* LA JOUER, NOUS SERONS TOUS TES *AMIS*.
CE CRÉPUSCULE DOMANIEN EST DES PLUS SUBLIMES, N'EST-CE PAS ?
VOUS PARLEZ TOUJOURS COMME ÇA, VOUS, LES JOUEURS DE *STARBALL* ?
COMME QUOI ?
DE FAÇON AUSSI... *AMPOULÉE ?*

SUIS-JE… TROP ÉMOTIF?
EUH, C'EST UN PEU BIZARRE, C'EST TOUT. MAIS PEU IMPORTE.
NON. J'APPRÉCIE QUE TU ME L'AIES DIT. TU N'ES PAS COMME LES AUTRES DANSEURS DE SABLE, PAS VRAI?
QU'EST-CE QUE TU SAIS DES DANSEURS DE SABLE?
ET SI C'ÉTAIT TOI QUI ÉTAIS CENSÉE CRÉER UN GUERRIER DE SABLE?
CE N'EST PAS MOI.
SELON MON ONCLE JEP…
TU NE COMPRENDS RIEN!
C'EST MA SŒUR JESSA QUI SAIT FAIRE LA VRAIE DANSE DU SABLE! JE VAIS LA RETROUVER, ET C'EST ELLE QUI ALLUMERA LES PHARES!

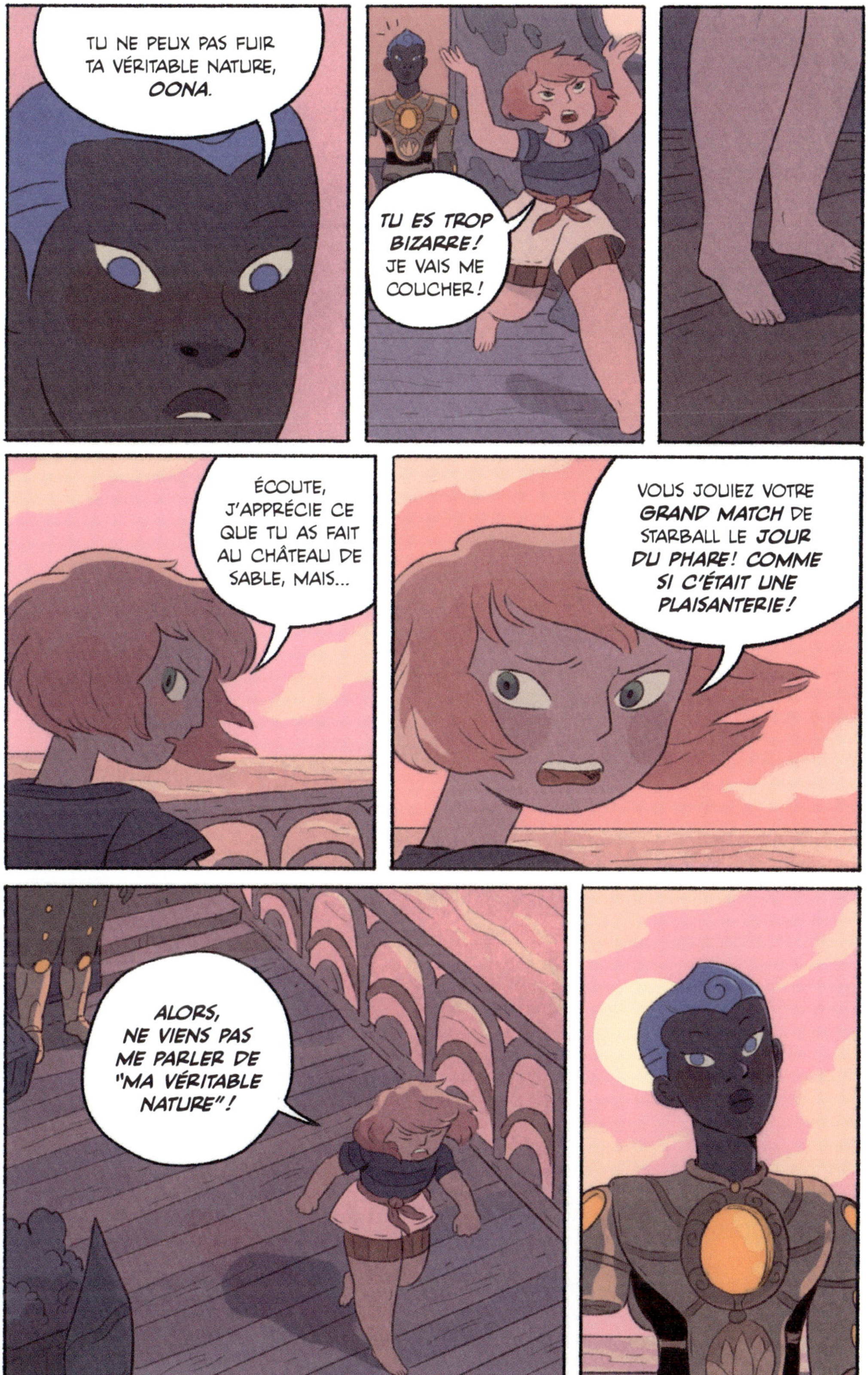
TU NE PEUX PAS FUIR TA VÉRITABLE NATURE, *OONA*.
TU ES TROP BIZARRE! JE VAIS ME COUCHER!
ÉCOUTE, J'APPRÉCIE CE QUE TU AS FAIT AU CHÂTEAU DE SABLE, MAIS...
VOUS JOUIEZ VOTRE *GRAND MATCH* DE STARBALL LE *JOUR DU PHARE! COMME SI C'ÉTAIT UNE PLAISANTERIE!*
ALORS, NE VIENS PAS ME PARLER DE "MA VÉRITABLE NATURE"!

...
J'AI L'IMPRESSION ... D'ÊTRE DÉJÀ VENU ICI.
AN TZU, DONNE-MOI UN COUP DE MAIN AVEC CES CAISSES, TU VEUX BIEN ?
CRIII
CRIII

OUVRE, MON CHOU. C'EST *L'HEURE DE MANGER.*

METS TA MAIN DANS LE BASSIN VERT, PETIT HUMAIN.
MA... MAIN? MAIS... POURQUOI?
TU SAIS POURQUOI. JE NE PEUX RIEN TE PROMETTRE. MAIS ÇA AIDERA PEUT-ÊTRE.
JE SAIS QUE TU ES LÀ, DANSEUSE DE SABLE. VIENS, APPROCHE.
PLSH
OUAH.

OH, REGARDE !
LE **PRINCE FELID** ÉTAIT ICI JADIS. IL Y A TRÈS LONGTEMPS.
CES YEUX...
QUOI ?
RIEN.

BRYACÉE...
C'EST **QUOI**, CET ENDROIT ?

LES HOMMES-PLANTES VENAIENT ICI AUTREFOIS POUR COMMUNIQUER AVEC LES DIEUX.
TU DÉTIENS LE FEU VIVANT.
TU AS UN POUVOIR.
TU N'EN VEUX PEUT-ÊTRE PAS...
MAIS TU L'AS.
JE SUIS LOIN D'ÊTRE UN MAÎTRE DU SABLE. JE... JE N'Y ARRIVE PAS... JE NE CONTRÔLE PAS LE SABLE !
POURQUOI VEUX-TU LE CONTRÔLER ? IL SAIT CE QUI EST NÉCESSAIRE BIEN MIEUX QUE TOI OU MOI.

TU NE DOIS PAS LE CONTRÔLER. TU DOIS LE LAISSER TE CONTRÔLER.
LES GENS QUI ONT CONSTRUIT CET ENDROIT, CEUX QUI NOUS ONT LAISSÉ LES PHARES — ILS ONT MIS TOUTE LA SAGESSE DU MONDE MÈRE DANS LE SABLE.
NOUS NOUS MOURONS, NOUS LES PLANTES, PARCE QUE LES CINQ MONDES NE SONT PAS TELS QU'ILS DEVRAIENT ÊTRE.
L'ENNEMI EST EN TRAIN DE GAGNER.
LE SIMULACRE FAIT POURRIR LE JARDIN DE LA REINE.
LES HUMAINS SONT TELLEMENT COUPÉS DE LEURS RACINES...
...QU'ILS NE SENTENT MÊME PAS QUE LEUR MONDE SE MEURT SOUS LEURS PIEDS.
NOUS, LES PLANTES, SOMMES LIÉES ENTRE NOUS — NOUS NE POUVONS PAS NOUS SENTIR ISOLÉES COMME VOUS.

CE DOIT ÊTRE SI DUR DE SE SENTIR **SEUL**.
NOUS, NOUS SAVONS QUE **NUL** N'EST JAMAIS SEUL.

NOUS SAVONS DEPUIS LONGTEMPS...
NOUS, LES PLANTES, AVONS VU ET SENTI LA *PRÉSENCE MALÉFIQUE* SE RENFORCER.
PENDANT HUIT SIÈCLES, LE *SIMULACRE* EST RESTÉ AFFAIBLI, MAIS PEU À PEU, NOUS L'AVONS VU PRENDRE POSSESSION DE FORMES DE VIE DE PLUS EN PLUS PUISSANTES...
D'ABORD, DES LIMACES, PUIS DES OISEAUX...
PUIS DES *HUMAINS*...
LORSQU'IL A PU ENFIN IMITER LA *FORME HUMAINE*, IL S'EST INFILTRÉ DANS LES CERCLES DE POUVOIR...
IL A POSSÉDÉ CEUX QUI LUI OFFRAIENT UN *TERRAIN PROPICE*...
PENDANT DE NOMBREUSES ANNÉES, IL A ÉTUDIÉ SA PROIE ET ACQUIS DES POSTES CLÉS, PLANIFIANT SA GRANDE CONSPIRATION.

LE SIMULACRE A ATTISÉ LA COLÈRE DU PEUPLE BLEU, NÉE DE SA GRANDE DÉFAITE DANS LA GUERRE DES CINQ MONDES.
LE SIMULACRE VEUT RÉCUPÉRER SON CŒUR. S'IL Y PARVIENT, RIEN NI PERSONNE NE POURRA PLUS L'ARRÊTER.
MÊME LES TOKIS IGNORENT QUI ILS SERVENT.
À QUOI RESSEMBLE LE SIMULACRE? COMMENT LE RECONNAÎT-ON?
IL POURRAIT PRENDRE L'APPARENCE DE N'IMPORTE QUI. MAIS IL Y A UNE CHOSE QU'IL NE PEUT IMITER.
LE FEU VIVANT.
CAR LE SIMULACRE NE SAIT QUE DÉTRUIRE.
NOS MONDES MOURRONT, À MOINS QU'UN GUERRIER DE SABLE NE SE DRESSE POUR ALLUMER CES PHARES.

SI **QUELQU'UN** PEUT CRÉER UN GUERRIER DE SABLE, C'EST **JESSA** ! JE VAIS LA TROUVER ET TOUT LUI RACONTER, ET **ELLE** SAURA !
OONA. PEUT-ÊTRE QUE TOI, TU PEUX LE FAIRE.
C'EST **RIDICULE**. J'ÉTAIS LA DANSEUSE DE SABLE LA PLUS **MALADROITE** DE TOUT LE CHÂTEAU.
UNE VRAIE CALAMITÉ.
NOUS AVONS TOUS UN RÔLE À TENIR, **DANSEUSE DE SABLE**.
LE SABLE VIT. LE SABLE SAIT.
LAISSE-**LE** TE GUIDER.
JE NE SUIS PAS...
JE VOUDRAIS BIEN...
MAIS... J'AI ESSAYÉ...
TANT DE FOIS...
SSSSSSSS

HA !
HEIN ?!
NON !!
ARRÊTE !!!
BAFF
BOUM !
CRAC
NON !!
ARRÊTE !!
ARRÊTE !!

ON DIRAIT QUE CE SABLE *SAVAIT*...
... COMMENT *TOUT CASSER* ?
C'EST FORT REGRETTABLE, DANSEUSE DE SABLE.
AN TZU, AIDE-MOI À ARROSER LES PLANTES DEHORS, VEUX-TU ?

JE SUIS DÉSOLÉE, **BRYACÉE**. JE NE SUIS PAS UNE GUERRIÈRE DE SABLE.
?!?
MAIS COMMENT ...
... MA PIERRE DE SABLE PEUT-ELLE INVOQUER... CES AUTRES SABLES ?

OONA, EST-CE QUE ÇA VA?
AN TZU M'A DIT QU'IL Y AVAIT EU UN PROBLÈME SUR L'ÎLE...
...MAIS IL N'A PAS VOULU ME DIRE LEQUEL.
TU N'AS PAS DES AUTOGRAPHES À SIGNER?
FICHE-MOI LA PAIX!

Chapitre 7

LE SABLE SAIT

NOUS TENONS LE *TRAÎTRE SANDERSON*... ET LE GRAND *DOYEN PLUMB* A PERDU DE SA SUPERBE !
CONDUISEZ-LES À LA PRISON, ET NE LEUR FAITES *PAS DE MAL*. LES OS DE LA REINE SONT EN SÉCURITÉ ?
OUI, COMMANDANTE *ZAYD*.
ALORS, EMPORTONS LA *RELIQUE SACRÉE* À *L'ACADÉMIE DE LA FORTERESSE VOLANTE* !
ZAYD !

VOTRE ALTESSE, MON SOUVERAIN, SIRE !
EXCELLENT TRAVAIL, ZAYD !
VOUS ÊTES TROP BON, MON PRINCE ! JE M'APPRÊTE À EMPORTER LES OS DE LA REINE À LA FORTERESSE VOLANTE !
AH, OUI. MAIS PUISQUE JE SUIS LÀ, JE VAIS M'EN CHARGER.
MAIS, MON PRINCE, VOUS...
VOUS AVEZ UNE MISSION IMPORTANTE À ACCOMPLIR, ICI, SUR MON DOMANI. VOUS DEVEZ CAPTURER LES DERNIERS DANSEURS DE SABLE, N'EST-CE PAS ?

OUI, VOTRE ALTESSE, MAIS **NOS OFFICIERS** PEUVENT...
DU BEAU TRAVAIL, **ZAYD**. NOUS NE L'OUBLIERONS PAS.

LES OS DE LA REINE… ?
OUI, ALTESSE.
BURB ! EXCUSEZ-MOI UN INSTANT.
VOUS VOUS SENTEZ BIEN, ALTESSE ?
BAM
SLAM ! !
KOF KOF
NN… URG…
HNNG…
NGAAH— ! !
GUH !

VOTRE ALTESSE ? VOUS ÊTES INDISPOSÉ ?
TOC TOC
J'AI DIT QUE ÇA ALLAIT.
MAINTENANT, CONDUISEZ-MOI AU PONT. CETTE VIEILLE RELIQUE ME DONNE LA MIGRAINE.
K-02
PSH
PSH
SHF
FFFF
PFOUM

CHG CHG CHG
CHG
PORT DE MAYAPOLIS...
CHG CHG

JE REVIENS VITE.
AVEC JESSA.
ATTENDS, OONA, CE N'EST PAS UNE BONNE IDÉE.
TU NE SAIS MÊME PAS SI TA SOEUR VA T'ÉCOUTER.
ET C'EST TOI QUI AS CRÉÉ CETTE FORME DE SABLE AU STADE, PAS ELLE !
TU N'AS PAS VU CE QUI EST ARRIVÉ AU SANCTUAIRE DE BRYACÉE ? TU CROIS VRAIMENT QUE JE PEUX ALLUMER QUOI QUE CE SOIT ?
MES ANIFORMES NE FONT QUE METTRE LE BAZAR. SI QUELQU'UN PEUT ALLUMER UN PHARE...
MON ONCLE JEP A ÉTUDIÉ LES PHARES PENDANT DES ANNÉES. PERSONNE N'EN SAIT DAVANTAGE QUE LUI À LEUR SUJET.
AU REVOIR, AN TZU. AU REVOIR, JAX.

AH, MADEMOISELLE LEE. BIENVENUE À BORD DU « PAPILLON DE LUNE ».
VOUS VOUDREZ BIEN ATTENDRE SUR LE CÔTÉ, TOUS LES DEUX.
OUI, MOI AUSSI, JE VAIS RETROUVER MA FAMILLE SUR LUNE YATTA.
LES SERVITEURS TOKI SE SONT TOUS ENFUIS. JE N'AI PAS LE CHOIX.
FOUTUS PEAUX-BLEUES ! ON A À PEINE RÉSISTÉ !! ILS ONT VOLÉ LES OS DE LA REINE !!
JE N'ÉTAIS PAS FAN DE CES ARROGANTS DANSEURS DE SABLE, MAIS CES OS ÉTAIENT À NOUS !!

TU ES LA DERNIÈRE DES TROIS !
COMBINER LES SABLES, C'EST LA CLÉ POUR RALLUMER LES PHARES.
CE QUI S'EST PASSÉ DANS LE SANCTUAIRE DE BRYACÉE N'ÉTAIT PAS UN ACCIDENT...
LE SABLE VIT. LE SABLE SAIT.

...LES CINQ MONDES SONT EN SURCHAUFFE...
MON SABLE QUI S'EST ENFUI... IL M'A CONDUITE AU HAUT CONSEIL...
... IL NOUS A GUIDÉS, VECTOR ET MOI, JUSQU'AUX RUNES FÉLIDÉES...
...CINQ JOURS DOMANIENS ...
... IL M'A DONNÉ LES SABLES DE SALASSANDRA, DE LUNE YATTA ET DE GRIMBO(E)...
IL SAVAIT CE QU'IL FAISAIT DEPUIS LE DÉBUT. LE SABLE SAIT !!

MADEMOISELLE ! NOUS ALLONS DÉCOLLER !
OUVREZ LA PORTE ! LAISSEZ-MOI DESCENDRE !
HAN HAN
JAX !! AN TZU !!
HOP

JE LE SAVAIS!

JAX! TON ONCLE S'Y CONNAÎT EN PHARES? JE VAIS AVOIR BESOIN D'UN MAXIMUM D'AIDE POUR ESSAYER DE RALLUMER UN DE CES FOUTUS MACHINS DANS LES DEUX JOURS QUI VIENNENT!

COMMANDANTE ZAYD, DES AGENTS DE MAYAPOLIS SIGNALENT QUE LA DANSEUSE DE SABLE OONA LEE A EMBARQUÉ SUR LE « PAPILLON DE LUNE »...
CHG CHG
NE LA PERDEZ PAS DE VUE.
CHG
EUH, LE PROBLÈME, C'EST QUE...
ELLE A DÉBARQUÉ AVANT LE DÉCOLLAGE POUR PARTIR AVEC CES DEUX INDIVIDUS...
BZZ-BIP

UN GAMIN DES RUES DE SAO SABLO ET... LE JOUEUR DE STARBALL JAX AMBOY !
JAX AMBOY ?
LE « JEUNE PRODIGE » ?
JE L'AI VU JOUER CONTRE LES TOURMALINES EN...
HÉ !
QUOI ?!
SLAM !
POURQUOI NE LES A-T-ON PAS ARRÊTÉS IMMÉDIATEMENT ?
EH BIEN, VOUS AVIEZ DONNÉ L'ORDRE DE...
SILENCE ! FAITES PASSER LE MESSAGE ! RETROUVEZ-LES !
RETROUVEZ-LA !

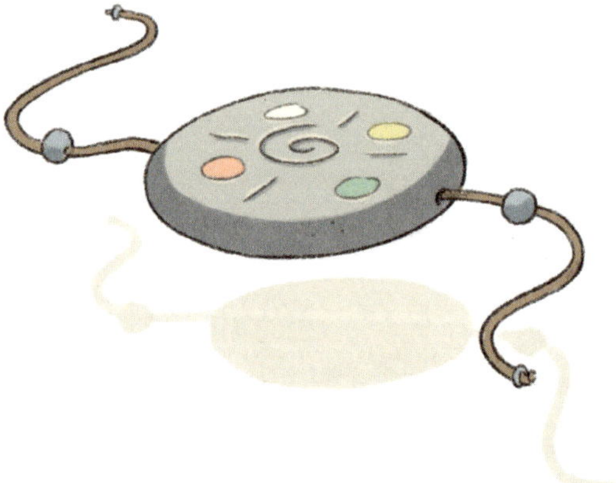

Chapitre 8

LE JEUNE PRODIGE DE JEP

LA VOIE EST LIBRE.
LES TOKIS CONTRÔLENT LES ROBOTS POLICIERS ! HEUREUSEMENT QU'ILS SONT LOURDS ET LENTS...
DRR-ING !
DRRR-ING !!
FICHEZ LE CAMP !!
BZZ-
ONCLE JEP ! C'EST MOI, JAX !
PAR LES HÉMORROÏDES DE PALULIAN ! STOAK EST AVEC TOI ?
NON, ONCLE JEP.

JE ME RÉJOUIS QUE TU AIES RÉUSSI À SORTIR DU STADE.
DERRICK STOAK SAIT-IL QUE SA STAR DES TÊTES-DE-CUIR SE BALADE SANS SURVEILLANCE ?
NON, ONCLE JEP.
ET TU ES VENU ACCOMPAGNÉ.
CE SONT MES AMIS, ONCLE JEP.

TU PEUX RESTER ICI JUSQU'À CE QUE **STOAK** VIENNE TE RÉCUPÉRER.
ILS EMMÈNENT TOUS LES PRISONNIERS DU **CHÂTEAU DE SABLE** SUR TOKI, VOUS ÉTIEZ AU COURANT ?
ET VOUS, FAITES COMME CHEZ VOUS, PROFITEZ DONC DE CES SUPER NOUVELLES...
VEA... VECTOR...
SLEURP~
DIS-MOI, **JAX**, COMMENT AS-TU PU ÉCHAPPER À TON ÉQUIPE ? JE CROYAIS QU'ILS TE **TENAIENT BIEN EN LAISSE**.
MON BRAS A ÉTÉ SECTIONNÉ.
UN COUP DE CHANCE POUR TOI.
C'EST QUOI, SON **PROBLÈME** ?

TON ONCLE JEP EST PIRE QUE LES TOKIS !
« ONCLE JEP », C'EST MOI. CE BON VIEUX TONTON JEPPY.
TU AS RÉUSSI À DONNER LE CHANGE, MON GARÇON.
ILS NE SONT PAS AU COURANT.
DERRICK STOAK SERAIT SI FIER !
AU COURANT DE QUOI ? DONNER LE CHANGE À PROPOS DE QUOI ?
MAIS DE MA PREMIÈRE CONTRIBUTION AU BIEN DE L'HUMANITÉ !
ASSIEDS-TOI, MON GARÇON.
TU M'AS MANQUÉ. DEPUIS LE JOUR OÙ IL T'A EMMENÉ.

TOI AUSSI TU M'AS MANQUÉ, ONCLE JEP. JE N'AI JAMAIS PU FAIRE AUTRE CHOSE QUE CE QU'ON M'ORDONNAIT.
JUSQU'À CE QUE LE LIEN SOIT BRISÉ.
OUI, LE COMLIEN DANS TA MAIN DROITE. C'ÉTAIT MALIN DE LEUR PART.
MAIS À PRÉSENT... LES FILS DU PANTIN SONT CASSÉS. ET TU M'ES REVENU !
MON BRAVE GARÇON.
TAP
TP
TAP
TAP
TP
PSST
PSST
HEIN ?! NON ! NON !!!

LE « JEUNE PRODIGE »...
... EST LE SEUL EXEMPLAIRE RESTANT DE LA GAMME DES HUMANOÏDES J.A.X. 3201.
MAIS IL NE PEUT PAS... LA... LA LOI SUR LES ANDROÏDES...
AH, OUI, LA LOI. JE SUPPOSE QU'ELLE N'EST PAS MAUVAISE — POUR CEUX QUI NE SONT PAS AU-DESSUS DES LOIS. MAIS QUAND VOUS ÊTES DERRICK STOAK, COFONDATEUR DU CONGLOMÉRAT NANOTEX, OBÉIR AUX LOIS, C'EST OPTIONNEL.
CLIC
C'EST IMPOSSIBLE... PAS JAX !
PAS JAX AMBOY !
AH, TU ÉTAIS UN FAN ? JE TE COMPRENDS, J'AVAIS VRAIMENT FAIT UN BOULOT EXCEPTIONNEL AVEC LUI...
QUAND LA LOI SUR L'APPARENCE HUMANOÏDE DES ANDROÏDES A ÉTÉ INSTAURÉE, TOUS MES BEAUX MODÈLES J.A.X. ONT DÛ ÊTRE DÉTRUITS.
MAIS, EN SECRET, MES EMPLOYEURS EN ONT GARDÉ UN... ET ILS L'ONT UTILISÉ POUR LEUR MAUDITE ÉQUIPE DE STARBALL.
JE CROIS QUE JE VAIS VOMIR.

HUMPF!
J'AURAIS DÛ M'EN DOUTER. TU EN FAISAIS UN PEU TROP POUR TENIR TON RÔLE. « TU NE PEUX PAS FUIR TA VÉRITABLE NATURE. » MERCI DU CONSEIL !
ET J'IMAGINE QU'ON PEUT OUBLIER TOUT CE QU'IL NOUS A DIT, PAS VRAI ? COMME LE FAIT QUE VOUS ÊTES UN EXPERT EN PHARES ?
POURQUOI T'INTÉRESSES-TU AUX PHARES ?
PARCE QU'OONA VA EN ALLUMER UN !
QUE DIS-TU ?
C'EST VRAI. JE VAIS À CHRYSALIS... POUR RALLUMER LE PHARE.
OU MOURIR EN ESSAYANT.

LE FEU VIVANT !
LA MARQUE DU GUERRIER DE SABLE !
LES PHARES... JE LES AI ÉTUDIÉS PENDANT DES ANNÉES. C'ÉTAIT UNE OBSESSION.
LE SCIENTIFIQUE EN MOI SE DEVAIT DE COMPRENDRE CE GIGANTESQUE MYSTÈRE QUI NOUS MET AU DÉFI.
TAP TAP TAP
MAIS QUE FONT-ILS VRAIMENT, CES PHARES ?!

LEUR CONCEPTION EST ÉPOUSTOUFLANTE. LES DIEUX FÉLIDÉS, DONT NOUS NE SAVONS PRESQUE RIEN, ÉTAIENT CAPABLES DE TRANSFORMER DES LUNES EN PLANÈTES ET DES PLANÈTES EN SOLEILS.
LES PHARES SERVAIENT À ACCÉLÉRER OU RALENTIR LA CROISSANCE DE MONDES ENTIERS ! VOUS VOUS RENDEZ COMPTE ? MAIS ILS SONT ÉTEINTS DEPUIS BIEN TROP LONGTEMPS !!!
MAIS POURQUOI ?
TANT DE GRANDS DANSEURS DE SABLE ONT TENTÉ DE LES ALLUMER...
PEUT-ÊTRE LEUR MANQUAIT-IL LA VÉRITABLE CLÉ.
LE FEU VIVANT.
C'EST ÇA QUI VA ALLUMER LE PHARE, PAS VRAI ?
OUI ! LA SURCHAUFFE DES CINQ MONDES SERA ENFIN INVERSÉE !
MAIS NOS CINQ JOURS TOUCHENT PRESQUE À LEUR FIN !
VOUS ALLEZ AVOIR BESOIN D'AIDE. VENEZ, ALLONS À MON LABORATOIRE.

Chapitre 9
ALTÉRATIONS

BONJOUR, PROFESSEUR.
DÉSACTIVEZ L'ENREGISTREMENT.
OUI, PROFESSEUR.
LE SABLE NOIR !
OH, OUI. DU SABLE NOIR NANO-AUGMENTÉ, POUR ÊTRE EXACT.
COMMENÇONS PAR NETTOYER ÇA, ET APRÈS ON LE RÉPARERA. PUIS ON TÉLÉCHARGERA AUSSI MES ARCHIVES DANS SA MÉMOIRE.
OUI, PROFESSEUR.

C'EST LE SABLE QUE LES TOKIS UTILISENT POUR CRÉER LEURS OMBRES DE SABLE ?
JE LE CRAINS. LES RECHERCHES QUE J'AVAIS FAITES À TOKI DANS UN BUT MÉDICAL ONT ÉTÉ DÉTOURNÉES À DES FINS MILITAIRES. COMMENT NE L'AI-JE PAS VU VENIR ?
C'EST POUR ÇA QUE LE SABLE NOIR PEUT EXPLOSER !
OUI. CONTRAIREMENT AU SABLE BLANC DE MON DOMANI, LE SABLE NOIR QU'ON TROUVE À L'INTÉRIEUR DE LUNE TOKI EST INSTABLE...
ET EXPLOSIF SOUS CERTAINES CONDITIONS.
SNIP
BIEN SÛR, ÇA A BEAUCOUP INTÉRESSÉ MES EMPLOYEURS !
ILS ONT DÛ CONCLURE UN MARCHÉ AVEC LES DIRIGEANTS TOKI ET LEUR VENDRE NOTRE SAVOIR.
THNK
DU SABLE NOIR MÉLANGÉ À MES PETITS NANOBOTS... ET REGARDEZ OÙ NOUS EN SOMMES... UN MONDE CONQUIS !
MAIS NOUS ALLONS LEUR RENDRE LA MONNAIE DE LEUR PIÈCE !
QUE FAITES-VOUS, PROFESSEUR ?
ZZZIT

IL NE NOUS EN FAUDRA QU'UNE PINCÉE POUR ALIMENTER TON NOUVEAU BRAS...
JAX, MON GARÇON, TU VAS DEVOIR T'EXERCER PRUDEMMENT AVEC ÇA !
ENTRAÎNE-TOI AVEC UN DOIGT À LA FOIS... LOIN DE TOUT LE MONDE !
?
ONCLE JEP, QUE VAIS-JE FAIRE SANS LE STARBALL ?
TU DEVRAS LE DÉTERMINER PAR TOI-MÊME, GAMIN... COMME NOUS TOUS.

MAIS JE NE SUIS PAS UN VRAI GARÇON.
MAIS TU AS L'AIR D'AVOIR DE VRAIS **AMIS**. TU PEUX COMMENCER PAR **LES** AIDER, **JAX**.
TON NOUVEAU BRAS TE DONNERA UN PETIT **AVANTAGE**.
MOI, JE SUIS UN VRAI GARÇON !
UN VRAI GARÇON **VRAIMENT DÉÇU** !
PONK
PROFIL GÉNÉTIQUE INCONNU.
BIP
BIP
BLIP
ATTENDS UNE MINUTE...
C'EST QUOI, CETTE **MODIFICATION CHROMOSOMIQUE** ? OÙ T'A-T-ON FAIT **ÇA** ?

DE QUOI VOUS PARLEZ ?
BIP
BIP
TOUT ÇA, C'EST QUOI ? CE NE SONT MÊME PAS DES AMINO-GREFFES ! TRÈS INHABITUEL.
JE NE COMPRENDS RIEN À CE QUE VOUS DITES.
BIP
BIP
TU AS SUBI D'ÉNORMES MODIFICATIONS GÉNÉTIQUES. UN MILLIARD DE NANOS SONT EN TRAIN DE FAIRE... QUELQUE CHOSE À L'INTÉRIEUR DE TOI. QUE SE PASSE-T-IL ?!
ATTENDS, ATTENDS, ATTENDS... JE N'AI PAS VU UN TEL DEGRÉ DE TRANSFORMATION DEPUIS ...
... DEPUIS LE DÉSASTRE D'ATBALBALAK !
HEIN ? OÙ ÇA ?

BOUM!!
ATTENTION!!
KSH-BOOF
AH!!
BOING
JAX! TANT PIS POUR L'ENTRAÎNEMENT! ON A BESOIN DE TA MAIN TOUT DE SUITE!

ZAAP
OONA ! DERRIÈRE TOI !
AAAH !
OONA !?!
A-AAH...
ZAP
ZT
ZAP
ZT

LE PLAFOND, JAX! FAIS EXPLOSER LE PLAFOND!!
ZA-ZAP
CRAC
PONK
JE N'AI PLUS D'ÉNERGIE...
ARGH! **IL FAUT RECHARGER!** ÇA NE LES RETIENDRA PAS LONGTEMPS...
IL Y A UNE SORTIE PAR ICI. **SUIVEZ-MOI!**
H-HNG...
WARNING
AH-

CRASH!!
SPLISH
SHFF
PROFESSEUR ETTO !
COUREZ JUSQU'À L'EMBARCADÈRE ! JE RETIENS CES CRÉATURES !
AH... AHH...
VA ALLUMER LES GRANDS PHARES, OONA ! FUYEZ ! FUYEZ !!
OONA !!

VOUS TROUVEREZ DES RÉPONSES À ATBAL-BALAK !
ATBA...QU-QUOI ????
COURS, OONA !!!
DASH !
PROTÈGE-LA, JAX. SI ELLE EST BIEN CE QUE JE CROIS... ELLE POURRAIT SAUVER LES CINQ MONDES.
JAX, CONDUIS-LES À MON SAUTILLEUR ! IL Y A DES CRÉDITS SOUS LE PLANCHER.
PSST
JE NE TE LAISSERAI PAS CETTE FOIS, ONCLE JEP.
VAS-Y, JAX. FAIS-LE.
J'AI DÉSACTIVÉ TA PROGRAMMATION NANOTEX ; LES FRÈRES STOAK N'ONT PLUS DE PRISE SUR TOI.
MAINTENANT, TU AS CE QUE BEAUCOUP DE VRAIS HUMAINS ONT PERDU. TU AS UN BUT... PROTÉGER TES AMIS !

MAIS, ET TOI...
TU M'AS RENDU L'ESPOIR.
PLUS D'ESPOIR QUE JE N'EN AVAIS EU DEPUIS TRÈS LONGTEMPS... VAS-Y, FISTON.
VA AIDER OONA LEE.
EST-CE MA NOUVELLE DIRECTIVE PRIORITAIRE?
NON. C'EST LA CHOSE LA PLUS JUSTE À FAIRE.
LA PLUS HUMAINE.
CRASH
TAP
TAP
TAP

CETTE FOIS,
VOUS NE GAGNEREZ
PAS.

KA-BOUUM !!
BANDE D'IDIOTS INCOMPÉTENTS ! VOUS AVIEZ ORDRE DE LES CAPTURER VIVANTS !
NOUS SOMMES PRESQUE SÛRS QU'ILS SE SONT ÉCHAPPÉS AVANT L'EXPLOSION...
SLAM
ELLE A RÉUSSI À ATTEINDRE LE LABORATOIRE DU PROFESSEUR ETTO. OÙ VA-T-ELLE ALLER, MAINTENANT ?

JE NE PEUX RIEN FAIRE DE PLUS POUR ELLE.
LE **SABLE NOIR** L'EMPOISONNE D'UNE FAÇON QUE JE NE PARVIENS PAS À ARRÊTER. C'EST AU-DELÀ DE MES POUVOIRS. **NOUS ALLONS LA PERDRE.**
OONA! ON A BESOIN DE TOI!
JE SUIS DÉSOLÉE...

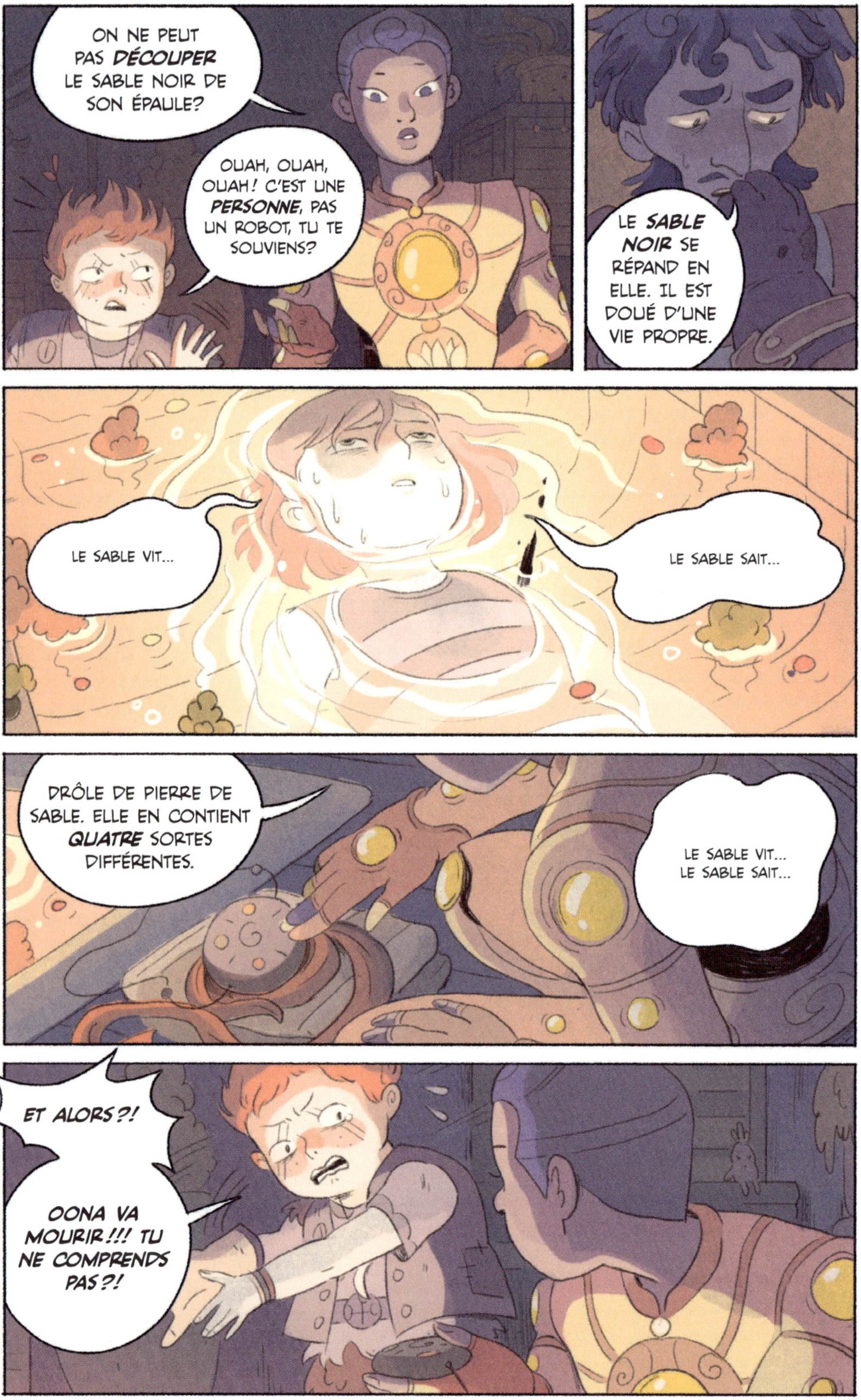
ON NE PEUT PAS DÉCOUPER LE SABLE NOIR DE SON ÉPAULE?
OUAH, OUAH, OUAH! C'EST UNE PERSONNE, PAS UN ROBOT, TU TE SOUVIENS?
LE SABLE NOIR SE RÉPAND EN ELLE. IL EST DOUÉ D'UNE VIE PROPRE.
LE SABLE VIT...
LE SABLE SAIT...
DRÔLE DE PIERRE DE SABLE. ELLE EN CONTIENT QUATRE SORTES DIFFÉRENTES.
LE SABLE VIT... LE SABLE SAIT...
ET ALORS?!
OONA VA MOURIR!!! TU NE COMPRENDS PAS?!

LE SABLE BLANC DE MON DOMANI...
LE SABLE ROUGE DE LUNE YATTA... LE SABLE DORÉ DE SALASSANDRA...
LE SABLE ÉMERAUDE DE GRIMBO(E)...
IL NE M'EN MANQUE QU'UN SEUL...!!
HF
HFF..
SPLASH

LE SABLE MANQUANT EST... **LE SABLE NOIR DE TOKI!**
QUI EST **EN TOI...**

SSHTTT
TSSHHH
SHHHHH

LE GUERRIER DE SABLE!!!

Chapitre 10

FEU ET PLUIE

LE GUERRIER DE SABLE !
LES PROPHÉTIES !
LE PHARE ! IL FAUT QUE J'AILLE À CHRYSALIS ! VOUS VENEZ AVEC MOI ?!
OUI, JE T'ACCOMPAGNE.
TAP
TAP
TAP
MAIS COMMENT ?
JAX, TU SAURAIS PILOTER UNE DE CES BOÎTES DE CONSERVE, PAS VRAI ?
PROBABLEMENT, OUI, MAIS ON NE PEUT PAS EMPRUNTER...

JE TE PARIE QUE MON GUERRIER DE SABLE PEUT LE FAIRE !
QUI EST LA DERNIÈRE DE LA CLASSE MAINTENANT ? JE VAIS LEUR MONTRER CE DONT LA DANSEUSE DE SABLE MALADROITE EST CAPABLE !
BOING

WAOW! CAPITAINE!
PAN
PAN
CRAC
CRAC
CHG
CHG
CHG
NE LAISSEZ PAS S'ENFUIR LA FORME DE SABLE!

CRAC
CRAC
PFF
PF
CHG
CHG
ZZZT
ZAAP

SPRUIT
CRASH!
Z-ZZT
ZAP!
TONK
HEIN ?
JAX AMBOY?!? JE SUIS VOTRE PLUS GRAND FAN!!!
TEUF
PAF
PFF
MERCI, J'APPRÉCIE BEAUCOUP !
MES ENFANTS NE VONT JAMAIS ME CROIRE !

REGARDEZ, LES SOLEILS SONT PARFAITEMENT ALIGNÉS !
IL NOUS RESTE PEUT-ÊTRE UNE HEURE POUR AGIR.
ACCÉLÈRE, L'ANDROÏDE !
ON EST DÉJÀ À LA VITESSE MAXIMALE... MAIS JE PEUX PEUT-ÊTRE FAIRE QUELQUE CHOSE.
PRENEZ LES COMMANDES.

BZZZZTT
FOUSH!
COMMANDANTE ZAYD ! UNE ANIFORME DE SABLE GÉANTE A ÉTÉ SIGNALÉE À MAYAPOLIS. ELLE S'EST ENFUIE, ET LA DANSEUSE DE SABLE ET SES ALLIÉS ONT PRIS LE CONTRÔLE D'UN VAISSEAU LÉGER.
ILS SE DIRIGENT VERS CHRYSALIS. DEVONS-NOUS LES ABATTRE ?
NE TIREZ PAS !
DEMI-TOUR ! RAMENEZ-NOUS À CHRYSALIS !
AU PORT, COMMANDANTE ?
NON. AU PHARE BLANC.

ZZZTT
C'EST LÀ QU'ON SE RETROUVERA. VOUS VOYEZ LES QUAIS ? DÉPOSEZ-MOI ICI, DE CE CÔTÉ.
OONA, TU SAIS CE QUE TU FAIS MAINTENANT ?
LE SABLE...
... SAIT.

CHRYSALIS, ANCIENNE MONTAGNE DU CHÂTEAU DE SABLE.
CHG CHG
SHUG
SHG
CHG CHG
PF PFFF
NAN

IL VA FALLOIR NOUS SÉPARER.
IL DEVRAIT Y AVOIR DES COMMS À COURTE PORTÉE DANS LE COMPARTIMENT DEVANT TOI. ÇA NOUS PERMETTRA DE RESTER EN CONTACT.
CES TRUCS ?
VOUS M'ENTENDEZ ?
JE T'ENTENDRAIS **SANS**. TU ES JUSTE DER...
HÉ ! **OÙ VAS-TU COMME ÇA ??**
DOUCEMENT, **JAX**. ÉVITE DE TANGUER...
JE VOIS QUELQUE CHOSE ! **À L'APPROCHE !**

NE TIREZ PAS! LA COMMANDANTE ZAYD VEUT QU'ON LA PRENNE VIVANTE!

VOTRE ALTESSE ? LES OS DE LA REINE SONT-ILS BIEN ARRIVÉS À LA FORTERESSE VOLANTE ?
LES PLANS ÉVOLUENT, ZAYD.
NE VOUS SOUCIEZ PAS DE LA RELIQUE. JE M'EN OCCUPE.
ET LA DANSEUSE DE SABLE ?
JE L'AURAI BIENTÔT.
IL EST CLAIR QU'ELLE SE DIRIGE VERS LE PHARE. VOUS SAVEZ CE QUE CELA VEUT DIRE : VOTRE LOYAUTÉ VA ÊTRE MISE À L'ÉPREUVE.
SI ELLE L'ATTEINT, ELLE DEVRA MOURIR. C'EST BIEN CLAIR ?
OUI, MON PRINCE.

C'EST VOTRE DERNIÈRE CHANCE DE VOUS RENDRE !
AH !!
REGARDEZ !
HA !
D'ACCORD, **L'ANDROÏDE**, DÉPOSE-MOI LÀ !
TU VEUX BIEN ARRÊTER DE M'APPELER COMME ÇA ?
BOING
HUM. PAS PROGRAMMÉ POUR LES **REPARTIES CINGLANTES**, APPAREMMENT...

AN TZU, QUEL EST TON PLAN EXACTEMENT ?
BRYACÉE, SI ÇA MARCHE, JE T'AIMERAI POUR TOUJOURS.

GRIP!!
GRAB
ÇA MARCHE ! JE NE SAIS PAS CE QUE TU FAIS EN BAS, MAIS ÇA LES RALENTIT !
IL FAUT QUE J'ATTEIGNE LE SOMMET, JAX !

DERRIÈRE TOI, DERRIÈRE TOI!!!
ZAP!!
JE NE PEUX PAS LES SEMER!! IL FAUT RENONCER!
ON Y EST PRESQUE! ON NE PEUT PAS RECULER!!
CRAC
CRAC
CRAC
JAX!
FAIS-NOUS LE TRIPLE SAUT À LA AMBOY!
ACCROCHE-TOI BIEN, OONA!

ZZT!
BLAM!!
ZAAP
ZAAAP!!!
CRASH
ZAP!
BLAM

TU AS RÉUSSI ! ILS SONT NEUTRALISÉS !!
BOING
LE FEU !
SSHFFF

ELLE...
A ALLUMÉ... LE FEU VIVANT ?!
J'ENVOIE LES OMBRES DE SABLE, COMMAN-DANTE ?
OUI.
BOUM
BOUM

OONA !! DES OMBRES DE SABLE !!!
JE LES VOIS.
ZAP! ZAP ZAP!!
JE NE PEUX PAS LES ARRÊTER !!

FFFF
FSHIFFFF
PAS CETTE FOIS!
SCHLAC
TOC
PAFF!
QUE... QU'EST-CE QU'ELLE VIENT DE FAIRE?
ELLE... ELLE...

SFHHHT
SHHH
PAF!
ELLE LES A ABSORBÉES?!?
ELLES LA RENDENT PLUS PUISSANTE!
RECULEZ!!
COMMANDANTE! LES TROUPES SONT COINCÉES À LA BASE! UNE ARMÉE VÉGÉTALE...!!
PAF!!
LARGUEZ-MOI. ICI. MAINTENANT!!

CHUG CHG
DOUM
HOP!
TAP!
C'EST QUOI, CE TRUC?! C'EST ÉNORME!!!
COURS, OONA!!
BOING
SLAM!

TAP
BOM
TSSS
MAINTENANT, COMMANDANTE, MAINTENANT !!!
POURQUOI EST-CE QU'ELLE HÉSITE ??

NE FAIS PAS ÇA, OONA. N'ALLUME PAS LE PHARE.
CETTE VOIX ?!? IMPOSSIBLE !
C'EST MOI.
NON, CE N'EST PAS VRAI !!
JESSA... ?
OONA !

QU'EST-CE QU'ILS T'ONT FAIT?? TU ES BLEUE!! TU... C'EST LE SIMULACRE. LE SIMULACRE! IL T'A TRANSFORMÉE EN...
NON, NON, ÉCOUTE-MOI, S'IL TE PLAÎT...
IL EST MALÉFIQUE! IL T'A ENLEVÉE À MOI!!!
TU NE COMPRENDS PAS, OONA...
JE SAIS CE QUE J'AI À FAIRE. ET JE LE FAIS AUSSI POUR TOI.
QUOI? NON, OONA!!!
CRASH!

SSHHFFFFFFF
FOU — UUF

PING

SLAM
LA DANSEUSE DE SABLE A RÉUSSI. ELLE A ALLUMÉ LE PHARE.
JESSA ZAYD ! VOUS AVEZ ÉTÉ APPELÉE PAR LE PRINCE À COMPARAÎTRE DEVANT LE CONSEIL DE COBALT.

PIT
PIT
PAT
PT
PIT

PORTÉ
DISPARU
PORTÉE
DISPARUE

Chapitre 11
LE VOL DE LA "VOLETEUSE"

?
???
BRRP
BRR...
BRRRP
BLOUP!
BRR!
BLOUP
BLOUP
CET INTERMONDES S'APPELLE LA « VOLETEUSE ». PREMIER ARRÊT : SALASSANDRA.
IL APPARTIENT AUX TROIS CAPITAINES BIZARRES — DE DRÔLES DE RUMEURS COURENT À LEUR SUJET, MAIS PERSONNE NE LES SOUPÇONNE D'ÊTRE AVEC LES TOKIS.
TU NE VIENS PAS, RAMEAU ?
MON TRAVAIL EST ICI. LE VÔTRE EST LÀ-BAS.
OÙ QUE TU AILLES, J'ESPÈRE QU'ON POURRA T'Y SOIGNER.
PAF

PLOC
PLOC
PLOC
PITIÉ, DÉCOLLE, DÉCOLLE, DÉCOLLE… OH, NON !!
RETENEZ CE VAISSEAU !
TOI ! TU AS VU DEUX GAMINS ET UN JOUEUR DE STARBALL ?
OUI, ET COMMENT ! J'AI TOUJOURS ÉTÉ UN GRAND FAN DES TÊTES-DE-CUIR, ET C'EST INCROYABLE …
NOUS AVONS UN TÉMOIN !
OÙ ÉTAIENT-ILS ?
JAX AMBOY ! JE SUIS CERTAIN QUE C'ÉTAIT LUI !!
TOUT CE QUE JE LUI DEMANDAIS, C'ÉTAIT UN AUTOGRAPHE VITE FAIT, MAIS NON ! VOUS SAVEZ COMMENT SONT CES GENS CÉLÈBRES…
OÙ ?!? IL Y A COMBIEN DE TEMPS ??

OH, IL Y A DIX MINUTES À PEINE ! SUR LE **QUAI DES ÉCLIPSES**.
IL EMBARQUAIT SUR LA « **DEMOISELLE DU FLEUVE** »... CE QUE J'AI **TROUVÉ** BIZARRE POUR QUELQU'UN D'AUSSI RICHE...
QUAI DES ÉCLIPSES ! AU PAS DE COURSE !
SPLASH
SPLASH

TU AS RÉUSSI, OONA !
OUF
NOUS AVONS RÉUSSI. JE N'AURAIS JAMAIS ATTEINT LE PHARE SANS VOUS DEUX !
ON EST UNE BONNE ÉQUIPE ?
BIENVENUE À BORD DE LA « VOLETEUSE ».
TAP TAP
JE VAIS VOUS CONDUIRE À VOTRE CABINE.

NOUS ATTEINDRONS NOTRE PREMIER PORT D'ESCALE, **LUNE SALASSANDRA**, DANS DEUX JOURS **DOMANIENS**.
ENSUITE, NOUS FERONS HALTE SUR **LUNE TOKI**, PUIS SUR **LUNE YATTA**, ET ENFIN SUR **GRIMBO(E)**.

OUUUUF.
PITIÉ, PLUS DE VAISSEAUX QUI S'ÉCRASENT.
POF
JAX, TU ES UN ROBOT. TU N'AS PAS BESOIN DE LIT.
MAIS JE DORS.
OUAIS. BEN, JE PRENDS CETTE COUCHETTE, « LE JEUNE PRODIGE ».
HFF...

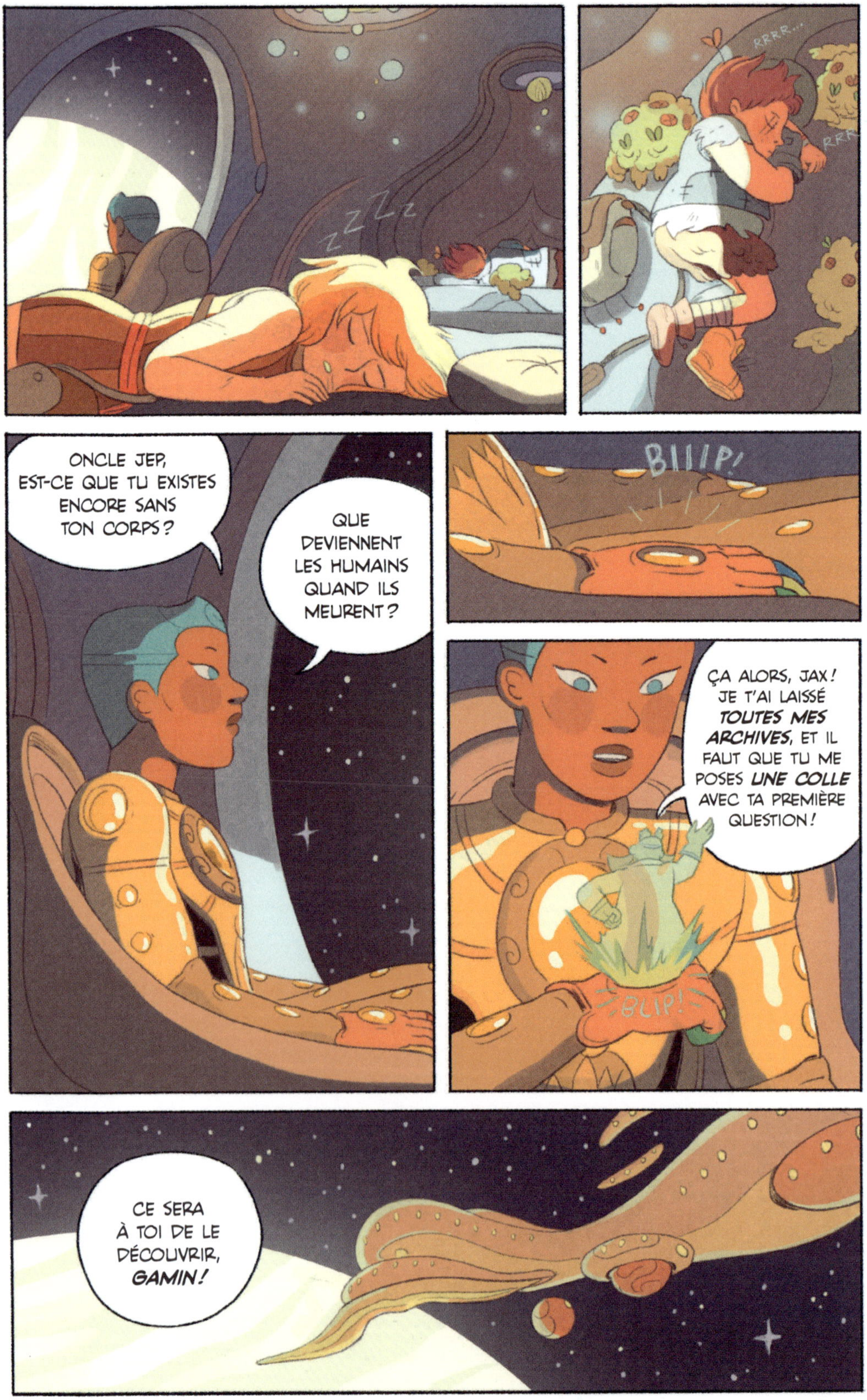
ZZZZ
RRRR...
RRR
ONCLE JEP, EST-CE QUE TU EXISTES ENCORE SANS TON CORPS ?
QUE DEVIENNENT LES HUMAINS QUAND ILS MEURENT ?
BIIIP!
ÇA ALORS, JAX ! JE T'AI LAISSÉ ***TOUTES MES ARCHIVES***, ET IL FAUT QUE TU ME POSES ***UNE COLLE*** AVEC TA PREMIÈRE QUESTION !
BLIP!
CE SERA À TOI DE LE DÉCOUVRIR, ***GAMIN !***

SPLASH
SPLASH
OOUAH...
OUPS!
OH ! DÉSOLÉE ! JE NE VOULAIS PAS...
AAAAH ! TA MAIN !!!
C'EST RIEN, JE...
AN TZU, IL FAUT QUE TU ME DISES...
...CE QUI T'ARRIVE !
CE N'EST PAS SEULEMENT MA MAIN.
RAMEAU APPELLE ÇA LA DISPARITIOLE.

MAIS... QU'EST-CE QUE C'EST, EXACTEMENT ?
JE NE SAIS PAS. RIEN DE BON, J'IMAGINE. JE DEVIENS... INVISIBLE. MA MAIN EST TOUJOURS LÀ, MAIS IL ME SEMBLE QU'ELLE S'ESTOMPE.
POURQUOI TU NE M'AS RIEN DIT ? BRYACÉE AURAIT PEUT-ÊTRE PU...
ELLE A ESSAYÉ. ET ÉCHOUÉ.
TAP
TAP
MAIS IL DOIT Y AVOIR UN REMÈDE !
PEUT-ÊTRE...
ON LE TROUVERA ! J'AI BESOIN DE TOI.
OUAIS.
MAIS DÉPÊCHONS-NOUS, PARCE QU'ON DIRAIT QUE ÇA S'ACCÉLÈRE.

ET DE TOUTE FAÇON, QUOI QU'IL ADVIENNE, J'AURAI AIDÉ LE GUERRIER DE SABLE À ALLUMER LE PREMIER PHARE !
CAP SUR SALASSANDRA !
JE NE CROIS PAS QU'IL FAILLE DESCENDRE LÀ-BAS.
ATTENDS, TU NE COMPTES PAS ALLER CHERCHER TA SŒUR QUAND MÊME, SI ? C'EST TOI, L'ÉLUE !
NON, J'AI DÉJÀ TROUVÉ MA SŒUR.
JESSA... C'ÉTAIT ELLE, LA DANSEUSE DE SABLE NOIR QUI CONTRÔLAIT CETTE OMBRE GÉANTE AU PHARE. APPAREMMENT, ELLE... ELLE EST DEVENUE UNE TOKI.
QUOI ?! C'EST POSSIBLE, ÇA ?!
JE NE SAIS PAS COMMENT. MAIS OUI. LE SIMULACRE EST DERRIÈRE TOUT ÇA. SI TON LIVRE DIT VRAI, AN TZU, LES TOKIS VEULENT LIBÉRER SON CŒUR !

COMMENT ? LE BRAS DE LA REINE LE RETIENT DEPUIS UN MILLÉNAIRE !
QUELLE EST LA SEULE CHOSE PLUS PUISSANTE QUE LE BRAS DE LA REINE ?
...LE RESTE DE SES OS !
C'EST POUR ÇA QUE LES TOKIS LES ONT VOLÉS !
MAIS IL RESTE TANT DE CHOSES QUI M'ÉCHAPPENT... PAR EXEMPLE, POURQUOI LE PROFESSEUR ETTO M'A DIT QUE J'AVAIS ÉTÉ GÉNÉTIQUEMENT MODIFIÉE.
ET SON HISTOIRE DE « TROUVER DES RÉPONSES À ATBAL-BALAK »... JE NE SAIS MÊME PAS OÙ C'EST !
SUR CE POINT-LÀ, JE CROIS QUE JE PEUX T'AIDER.
JAX ! TU ES RÉVEILLÉ ! ENFIN... JE NE SAIS PAS SI TU DORS, À VRAI DIRE...
OUAIS, IL DORT, EN QUELQUE SORTE.

ATBAL-BALAK EST UN LIEU ISOLÉ SUR LUNE TOKI. ONCLE JEP Y A TRAVAILLÉ SUR UN PROJET SECRET.
J'AI SES ARCHIVES À L'INTÉRIEUR, LÀ, DONC NOUS POURRONS FACILEMENT EN DÉCOUVRIR PLUS.
BIIP
BIP
MAIS QUEL RAPPORT AVEC MOI ?
DEMANDONS À L'ONCLE JEP !
MON ONCLE, QUEL LIEN EXISTE-T-IL ENTRE OONA ET ATBAL-BALAK ?
...
BLIR !
TRADUCTION, SVP.
OUPS. C'EST CRYPTÉ. IL VA FALLOIR QUE JE BOSSE DESSUS.
JE MEURS DE FAIM. RETOURNONS À LA CAFÈT' ...

DES BARGES À ORDURES ! JE N'EN REVIENS PAS. ILS NOUS ONT ENVAHIS AVEC DES **BARGES À ORDURES** !
UN PEUPLE SOURNOIS ET RÉPUGNANT, JE L'AI **TOUJOURS DIT**. ILS DEVAIENT PRÉPARER LEUR COUP DEPUIS DES **DIZAINES D'ANNÉES** !
NOUS LAISSER UTILISER **TOKI** COMME DÉCHARGE, JE DOIS DIRE QUE C'ÉTAIT ASTUCIEUX ! JE N'AURAIS JAMAIS RIEN SOUPÇONNÉ !
MAIS LE **PHARE** !? ÇA NE FAISAIT PAS PARTIE DE **LEUR** PLAN, SI ?

NOUS NE SAVONS MÊME PAS À QUOI SERVENT CES PHARES, À PART À FAIRE **PLEUVOIR** !
SQUICH
SCRUNCH
SCRUNCH
ET **ENSUITE** ?
QUE SE PASSERA-T-IL S'ILS EN ALLUMENT **D'AUTRES** ?
SLURP
SLURP

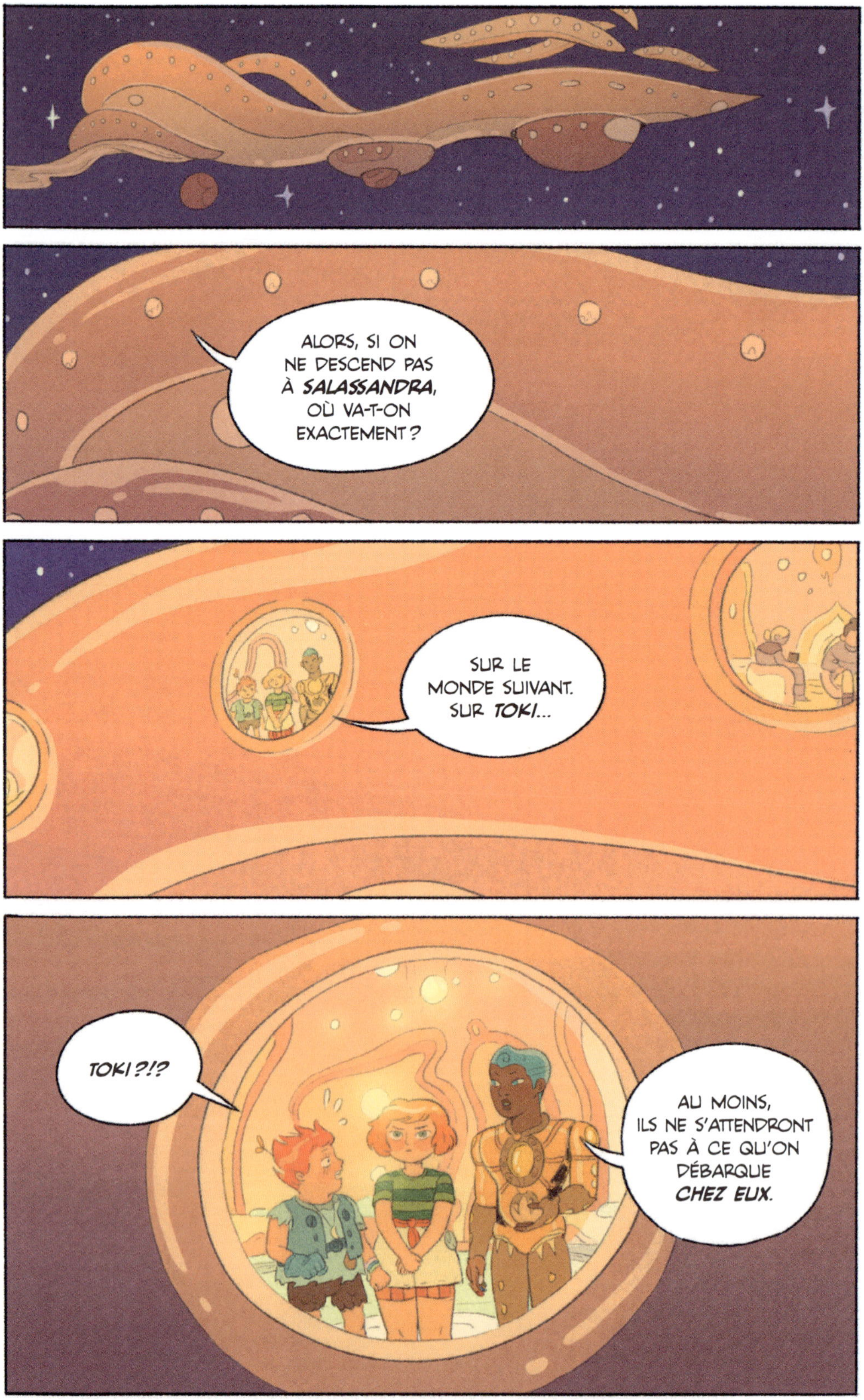
ALORS, SI ON NE DESCEND PAS À SALASSANDRA, OÙ VA-T-ON EXACTEMENT ?
SUR LE MONDE SUIVANT. SUR TOKI...
TOKI ?!?
AU MOINS, ILS NE S'ATTENDRONT PAS À CE QU'ON DÉBARQUE CHEZ EUX.

ILS SONT SOUS L'EMPRISE DU SIMULACRE. SI NOUS NE RÉCUPÉRONS PAS LES OS DE LA REINE, IL DIRIGERA LES CINQ MONDES POUR L'ÉTERNITÉ.
IL FAUT L'EN EMPÊCHER !
NOUS LE FERONS.
ET NOUS AURONS UN PHARE BLEU À ALLUMER...
... ET DES AMIS À DÉLIVRER D'UNE PRISON TOKI.

JE VOUS AVAIS BIEN DIT QUE CES TROIS-LÀ AVAIENT QUELQUE CHOSE DE SPÉCIAL.
IL SEMBLERAIT QUE NOUS AYONS *L'ÉLUE* À BORD.
QU'ALLONS-NOUS FAIRE ?

FIN DU TOME 1:
LE GUERRIER DE SABLE

L'aventure se poursuit dans

5 Mondes, T2
LE PRINCE DE COBALT

MARK SIEGEL a écrit et illustré plusieurs albums jeunesse et romans graphiques primés, dont *Sailor Twain ou la Sirène dans l'Hudson* (Gallimard bande dessinée), qui a figuré sur la liste des meilleures ventes du *New York Times*. Il est également le fondateur et le directeur éditorial de First Second Books, chez Macmillan. Il vit à New York avec sa famille.

ALEXIS SIEGEL est un auteur et traducteur installé à Londres. Il a traduit de nombreuses bandes dessinées à succès, dont *Le Chat du rabbin* de Joann Sfar et *Cadavre exquis* de Pénélope Bagieu (en anglais), et *American born chinese* de Gene Luen Yang (en français).

XANTHE BOUMA est une illustratrice installée à Los Angeles. Quand elle ne travaille pas à des albums jeunesse, à des illustrations de mode ou à des bandes dessinées, Xanthe aime profiter du soleil sur les plages du sud de la Californie.

MATT ROCKEFELLER est un illustrateur et un dessinateur de bandes dessinées originaire de Tucson, en Arizona. Son travail est diffusé sous diverses formes, dont des couvertures de livres, des albums jeunesse et des films d'animation. Matt vit à New York.

BOYA SUN est illustrateur et l'un des coauteurs du roman graphique à paraître *Chasma Knights*. Originaire de Chine, Boya s'est installé aux États-Unis après un passage par le Canada, et réside désormais dans la charmante ville de Baltimore.